五音之谜

郭 原　　顾泽长

Copyright © 2018 郭原 顾泽长

All rights reserved.

版权所有，翻印必究

ISBN: 978-3-946935-025

文字编辑　　周琦
封面题字　　蔡雨泽
封面、插图　　李阳
封底赠图　缪强教授

德国华育出版社
www.dao-de.org

Published by
Li Yang
Verlag für chinesische Lehrmittel

献给天下知音

编者按

音乐对人的影响之大，可能出乎意料。在各种隐形噪音和流行音乐泛滥的今天，留心选择自己接触的声音，就跟挑选好品质的食物一样重要。

云南东巴古文明《创世经》载："上有佳音，下有佳气，演出五行，生化万物。"又云："黑影黑霞，生出难听的哑音。"

古雅典的毕达哥拉斯学派认为，如同竖琴一般，各大天体保持着和谐的距离，沿着各自的轨道，以严格固定的速度运行，产生各种和谐的音调和旋律，即所谓"诸天音乐"或"天体音乐"。

百年前，德國物理學家 Ernst Chladni 利用小提琴弓磨擦沙盘，振动使沙子在平面显像，由两点一线，演变为三角、四方、五星、六芒、八角等渐次复杂的几何图案。

七十年代，瑞士科學家 Hans Jenny 进行大量 Cymatics 音流显像实验，探讨音流对物质三维形态的影响，留下影片《音流显像•声音与生命的诞生》。

现代弦理论发现，物质基本构成要素是一段"弦"，弦的不同振動模式产生了不同粒子。

音波，或者说振动，在無中生有时，是何作用？

声音，对物质的演化，有何影响？

人，既与天地相应，如何与音声互动？

不解之中，笔者有幸得到旅加琴医郭原先生的指点。

先生早年以医者仁心，求索五音疗法，随古琴名家顾泽长老先生，以斫琴始，精研音律、古文、考古、历史等各项。师徒二人经数十寒暑，对内经所述五音疗法进行了系统的整理、复原和修订。期间，两位前辈无数次亲身实证，终使五音重回医者手中。

《五音之谜》为医家郭原和琴家顾泽长多年研究之心得，追溯五音、六律、古十二律、内经二十五音及其标准音，实证归总了声音与经络的具体共振关系，并将汉字四声和416个字音一一归经。

此书对医师、音乐疗法师甄音疗疾，词曲家、学者文人择辞创作，教师、家长启迪蒙童，以及老百姓吐音保健等等，俱为宝贵参考。

然与其拘泥于书中具体条目，又不如效法作者精修、实证之态度，亲身谱写精彩的人生乐章。

愿佳音长伴。

李阳 按于戊戌年春

内容摘要

五音自从商朝出现以来，一直以体系的形式成为中国音乐的主体结构。五音所涉及的范围十分广泛。例如：标准音、音阶、音律、和弦等音乐理论问题。在音乐范围以外也涉及：语音、文学、医疗、军事、天文、乐器制作工艺等方面。

但是，关于五音的来历却一直是一个未解之谜。网上有一种说法认为，五音来自于黄帝时代的神农氏制作了五弦琴使用了五音宫商角徵羽。其实这并没有解释五音的来历。有人试图从宫商角徵羽的字面上解释五音，结果既不完全也没有说服力。某研究所曾申请国家课题研究五音起源，结果也没有下文。

周武彦认为，"宫商角徵羽"的由来，至今仍是未解之谜。《尔雅·释乐》云："宫谓之重。商谓之敏。角谓之经。徵谓之迭。羽谓之柳。[疏]'皆五音之别名，其义未详'。"此乃谜中之谜。笔者以为，"五声"阶名来自三代天文。（上海音乐学院学报90年第四期）。

本书作者从字音与经络感传的角度探索五音之谜。结果就有了一个另类的假说。

目录

第一章 五音与五声 ... 1

第一节 甲骨文时代的音 ... 1

第二节 甲骨文时代的声 ... 1

第三节 宫商角徵羽的本意 ... 2

第四节 汉代《说文解字》中音与声概念的混乱 ... 3

第二章 五音的标准器和标准音 ... 5

第一节 经络是最原始的标准器 ... 5

第二节 土陶标准器 ... 5

第三节 石类标准器 ... 7

第四节 骨类标准器 ... 7

第五节 竹管标准器 ... 8

第六节 青铜标准器 ... 9

第七节 黄金标准器 ... 9

第八节 五音的标准音 ... 10

第九节	标准音的变迁	10
第十节	国际标准音	11

第三章　五音的发展 ... 12

第一节	五音不全	12
第二节	六律	13
第三节	五音六律	13
第四节	六音	13
第五节	古十二律	14
第六节	一个八度内的十二律（纯律）	14
第七节	三分损益法	15
第八节	十二平均律	16
第九节	二十五音	17
第十节	二十五音的和弦	19

第四章　声音与经络 ... 27

第一节	五音与经络	28

第二节　六律与经络 29

第三节　古十二律与经络 29

第四节　十二律与经络 30

第五节　古琴的乐音与经络 31

第六节　汉语拼音与经络 39

第七节　汉字字音与经络 40

第八节　单经脉共振的字音 53

第九节　五音之别名 53

第十节　音调与经络 54

第五章　五音的应用 55

第一节　娱乐 55

第二节　文学 56

第三节　教育 56

第四节　养殖 57

第五节　战争 58

第六节　宗教 60

第七节　哲学 62

第八节　养生 62

第九节　医疗 67

后记 80

参考文献 81

图注 82

作者简介 83

第一章 五音与五声

第一节　　甲骨文时代的音

音在《象形字典》中的解释是："说出的话，话语中包含的心声"。很明显音是指语音而非指自然界的各种声音和乐器的声音。音字的甲骨文如下：

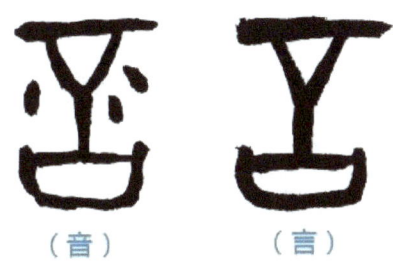

图 1 音字的甲骨文

言的上半画的是一个舌头，下半画的是一个口腔。音比言多了几个点，音中间的点是指说的话。其本意是指人口说出的话。

第二节　　甲骨文时代的声

声在《象形字典》中的解释是："乐音，话语及耳朵能辨别的所有听觉信息"。这一段讲的声包括了语音和自然界的各种声音和乐器的声音。

图 2 声字的甲骨文

声的左上部分画的是一个磬体（悬挂着的石片），左下部分画的是一个口，中间画的是一个耳朵。右侧上半部分画的是一个敲击磬体的锤子，下半部分画的是一只手臂。其本意是用耳朵听乐器和人口发出的声音。

第三节　　宫商角徵羽的本意

据文献记载，五音和五声的具体内容都是宫商角徵羽。但是宫商角徵羽的本意一直是一个谜。两千多年来一直都有很多人在努力的探索这个谜底。例如《管子•地员篇》用计算的方法探索宫商角徵羽的秘密；有人认为宫商角徵羽的本意就是音阶；有人认为宫商角徵羽的本意是唱名，类似现代的哆、来、咪、嗦、啦；有人认为宫商角徵羽的本意就是唇、舌、齿、鼻、喉的发音；有人认为宫商角徵羽的本意就是音调的阴平声、阳平声、上声、去声和入声；近代也有人从宫商角徵羽的字面来破解它们的本意。本书作者认为宫商角徵羽的本意就是指它们的读音。因为宫商角徵羽中的角需要读作"觉"（jue），徵需要读作"之"(zhi)。这是音乐教育传统的读法。

"宫商角徵羽"这五个名称又是从哪里来的呢?这就有多种说法了。有的研究者说:它来自古代的天文学,即是从二十八个星宿的名称而来的,如"宫"来自二十八星宿环绕的中心——中宫,其他四音来自不同的星宿名称,这是"天文说";而有的研究者说,它来自古人驯养的畜禽,说"牛、马、雉、猪、羊"五个字在古代的读音和"宫、商、角、徵、羽"近似,这是"畜禽说";有的研究者说:它们来源于古代氏族的图腾,这是"图腾说";而在古代的音乐著作《乐记》中的说法则为:宫为君,商为臣,角为民,徵为事,羽为物。说宫音代表国君,商音代表万民……这是"君臣说"。不论是"天文说"、"畜禽说"、"图腾说"或"君臣说",各种说法都有一定的道理,都给音乐涂上了一层或神秘、或朴素、或带有封建主义伦理观念的色彩,表达了中国先民的不同的音乐观念。

第四节 汉代《说文解字》中音与声概念的混乱

从以上(一)和(二)甲骨文的内容可以知道。音是指语音;声是指乐器和语音等。声的意义比较广泛并包括了音的意义。但是在《说文解字》中却颠倒了这两个字的含义。音在《说文》中的解释是:"音,声也。生于心,有节于外,谓之音。宫商角徵羽声;丝竹金石匏土革木音也"。"音,声也"是说音等同于声或者是声的一部分。"生于心,有节于外,谓之音"是说音是人体发出的有节奏的声音。"宫商角徵羽声"是说人读字发出的是声。"丝竹金石匏土革木音也"是说乐器发出的是音。在《说文解字》中首先承认音是人的语音，然后却又把声音混淆。其混淆的内容有二：一是声音互解（音，声也。声，音也）；其二是"宫商角徵羽声"，"丝竹金石匏土革木音也"。到如今唱歌的被归类到声乐范围，而音乐则包括了声乐和器乐等。声音二字弄混了两千多年已成定局，恐怕以后也只能将错就错了。

第二章 五音的标准器和标准音

第一节　　经络是最原始的标准器

在古代五音（宫商角徵羽）最原始的标准器是人体的脏腑经络。脏腑经络具有各自的固有频率，当反复发出宫商角徵羽字音的时候可以诱发出对应的经络震动或感传。《史记·乐书》记载：
音乐者所以动荡血脉，通流精神而和正心也。故：

宫动脾而和正圣，
商动肺而和正义，
角动肝而和正仁，
徵动心而和正礼，
羽动肾而和正智。

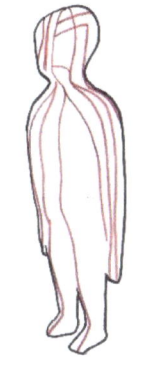

这里的血脉是指经脉，动就是指经脉的震动。因为各经脉的频率是相对恒定的，所以五音宫商角徵羽也只能是一组有固定频率的声音。

图 3 成都老官山红脉木人示意图，除此又有白脉木人，皆藏于成都博物馆

第二节　　土陶标准器

理论上讲土陶类乐器可以作为标准器使用。例如陶埙、陶哨和陶玲等。

图 4 陶埙

图 5 湖北出土的战国泥哨呜嘟

图 6 龙山陶玲

第三节　　石类标准器

理论上讲石磬是可以用做标准器的。二里头出土的鲸头型石磬声音悦耳。

图 7 玉磬

第四节　　骨类标准器

骨作为标准器最常用的是骨哨和骨笛。

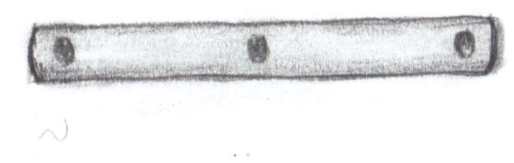

图 8 河姆渡骨哨

图 9 贾湖骨笛

第五节　　竹管标准器

竹管很早就被用作标准器了。《吕氏春秋·古乐》:"昔黄帝令伶伦作为律。伶伦自大夏之西,乃之昆仑之阴,取竹于嶰谿之谷,以生空窍厚均者,断两节间,其长三寸九分而吹之,以为黄钟之宫,吹曰,含少。"

图 10 左为长沙汉墓竹制十二音律管,右为留存于南美的排箫

第六节　　青铜标准器

在中国历史上用青铜作为标准器是最常见的。例如：

1、出土的王莽始建国元年的青铜律管

2、青铜编钟

早期的青铜编钟标准器有五钟和十二钟。《管子·五行》："昔黄帝以其缓急作五声，以政五钟。令其五钟，一曰青钟大音，二曰赤钟重心，三曰黄钟洒光，四曰景钟昧其明，五曰黑钟隐其常。"《吕氏春秋·古乐》："黄帝又命伶伦与荣将铸十二钟，以和五音。"五钟和十二钟的标准器尚未见出土。类似的编钟有很多。例如曾侯乙编钟。

实际上众多的标准器都不能真正的达到五音宫商角徵羽的相同频率。一般是高几个八度的五音。只有曾侯乙编钟的最大一组才具有这个效果。但是这一组的编钟用铜量是相当大的。实际上五钟的频率要比五音高一个八度。

第七节　　黄金标准器

用黄金作为标准器是很奢侈的，一般是皇家所为，例如失而复藏于北京故宫的黄金编钟。

第八节　　五音的标准音

如果从出土文物和乐音诱发的经络感传实验分析，五音的标准频率应当是：

宫 87.25Hz

商 98Hz

角 110Hz

徵 65.5Hz

羽 73.5Hz

第九节　　标准音的变迁

以正常人体经络固有频率为准的标准音是相对恒定的。但是自从西周使用了青铜标准器后，以人体经络为标准的方法就渐渐的被遗忘了。在多次的仿制标准器后，标准音也就渐渐的偏离了人体经络的频率。特别是在春秋时代各诸侯国自立标准。或者以十二钟的某一钟定位黄钟，或者偏离标准音的频率。总之出现了孔子说的"礼崩乐坏"现象。曾侯乙编钟就是典型的例子。以后改朝换代的时候大都要继承改换新标准的陋习。

汉朝以后各朝代黄钟律变动的内容如下：

汉　刘歆律 346.7（Hz）

汉　蔡邕铜籥律 332.4（Hz）

魏　杜夔律 370.1（Hz）

晋　荀律 387.5（Hz）

梁武帝律 384.9（Hz）

宋、齐、梁、陈及北周铁尺律 364.2（Hz）
隋开皇初年律、唐贞观雅乐律 364.2（Hz）
唐 俗乐律 435.9（Hz）
后周 王朴与宋初律 379.5（Hz）
宋 大晟九寸律 298.7（Hz）
明 朱载堉律 315.0（Hz）
清 康熙律 344.4（Hz）

第十节　　国际标准音

1939年在英国伦敦召开了国际标准音会议。会议结论将小字一组 a 的频率定为 440Hz。我怀疑这个标准音是以中国的一个编钟为标准器确定的。

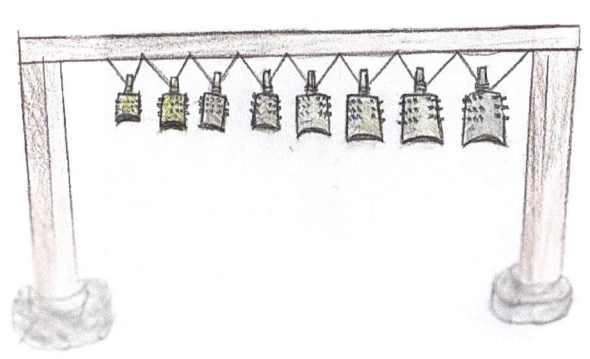

图 11 春秋晚期的邵钟示意图

这套编钟共有十三个，上海博物馆有十个，台湾故宫博物院和英国伦敦大不列颠博物馆各藏有一个。另外一个不知去向。不管是否真有其事，国际标准音与中国五音的角音暗合（高于角音两个八度）却是事实。这给中医音乐疗法带来了极大的方便。

第三章 五音的发展

五音兴起的时代是在商朝中晚期。从周朝开始五音就逐渐的出现了各种变化。

第一节　　五音不全

五音不全是在周朝初年发生的事。因为周武王推翻了商朝建立了周朝。因此周朝很忌讳商字，五音中的商音也在其中。因此西周的编钟只有四声音阶。陕西眉县出土的甬钟具有"羽-宫-角-徵"四声音阶结构，且为四个甬钟为一组。其编钟也常常呈四个一组，例如湖北西周曾国国君墓出土的四个编钟和一个镈钟，云南出土的四件战国编钟钟等。五音不全缺的是商音；五钟不全缺的是商钟。

图 12 云南四件战国编钟钟

第二节　六律

律就是指标准。六律就是指六个标准音。文献上并没有发现六律的具体名称，我分析是五钟加上一个大钟。具体的就是赤钟、黑钟、大钟、黄钟、景钟和青钟。古人以这六个青铜钟作为标准器，故称之为六律。

六律的频率是：
赤钟 131Hz
黑钟 147Hz
大钟 165Hz
黄钟 174Hz
景钟 196Hz
青钟 220Hz

第三节　五音六律

五音六律在《黄帝内经》和其它古书中很常见。根据以上内容，具体的五音六律就是：宫、商、角、徵、羽，赤钟、黑钟、大钟、黄钟、景钟和青钟。这是两个八度的乐音。这两个八度对应于钢琴的大字组和小字组。

第四节　六音

在五音六律之后的一段时间。古人发现五音六律并不对称。于是又给五音增加了一个大音。于是就有了六音。具体的六音是徵音、羽音、大音、宫音、商音和角音。

第五节　　古十二律

古十二律是六音和六律合并的结果。因为六音和六律并不是在同一个八度之内，因此被分成两组。六阴律指六音（徵音、羽音、大音、宫音、商音和角音）；六阳律指六律（赤钟、黑钟、大钟、黄钟、景钟和青钟）。

第六节　　一个八度内的十二律（纯律）

在充分利用三分损益法之后，古人在一个八度乐音内又发现了六个乐音。这样在一个八度内就有了十二个乐音。为了给这十二个乐音命名。古人借用了古十二律的名称。不过在具体借用的过程中发生了一些变化，唯一保留没变的就是黄钟。

十二律的具体名称和原型如下：

十二律名称	原词型	理由
黄钟	黄钟	没有变化
大吕	大音	吕是音的笔误
太簇	太钟或大钟	太大相通，簇与钟是通假字
夹钟	景钟	夹与景是通假字
姑洗	宫音	姑洗与宫音是通假字
仲吕	徵音	仲与徵通假字，吕是音的笔误
蕤宾	羽音	蕤与羽通假字，宾与音通假字
林钟	赤钟	林是赤的笔误
夷则	黑钟	夷是黑的笔误，则与钟通假字
南吕	角音	南是角的笔误，吕是音的笔误
无射	商音	无是商的笔误，射（yi）与音通假字
应钟	青钟	应与青通假字

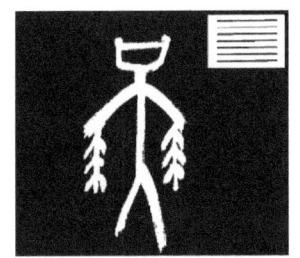

图 13 无字的甲骨文

图 14 商字的甲骨文

图注：以上两字摘自田舍之著《根汉字》

看一看商字的甲骨文和无字的甲骨文还真的很像。因此写错字或笔误的情况就不可避免了。不过不管是有意的通假和使用笔误还是无意的过失，十二律的名称已经成了既定事实，今后也只好将错就错了。

第七节　　三分损益法

最早记载三分损益法的是《管子·地员》。其中包括三分损一和三分增一。该法根据一个标准律管或一条弦长，几经变换之后就得出了五音宫商角徵羽的长度。进一步深入的研究还可以得出一个八度内的十二律。十二律是自然律。所谓自然律就是听起来顺耳。但是各音之间的音分值并不相等。自然律在旋宫转调时会出现误差。详细内容可参见相关文献。

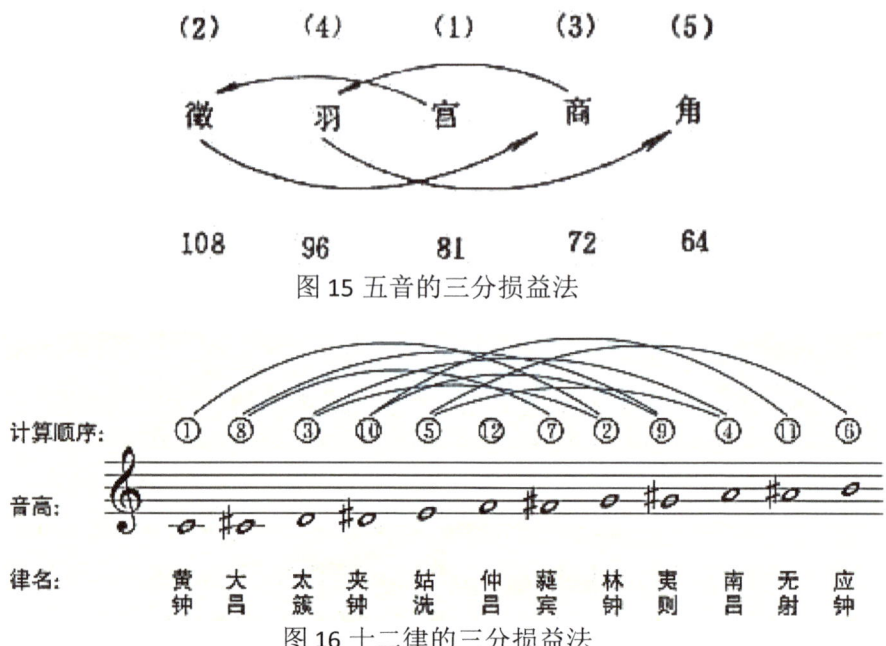

图 15 五音的三分损益法

图 16 十二律的三分损益法

第八节　十二平均律

　　十二平均律是在旋宫转调时要求的十二律。十二平均律听起来不是太顺耳，但是在旋宫转调时没有误差。由于十二平均律在器乐中使用起来很方便。所以古人进行了深入的研究。其中最有成就的是明朝朱载堉的新法密律。

音名		音律		频率 (A=440Hz)	
		纯律	平均律	纯律	十二平均律
C,	do	1	1	264	261.6
$C^\sharp$		$\frac{16}{15}$	$\sqrt[12]{2}$	281.6	277.2
D,	re	$\frac{9}{8}$	$(\sqrt[12]{2})^2$	297	293.7
$D^\sharp$		$\frac{6}{5}$	$(\sqrt[12]{2})^3$	316.8	311.1
E,	mi	$\frac{5}{4}$	$(\sqrt[12]{2})^4$	330	329.6
F,	fa	$\frac{4}{3}$	$(\sqrt[12]{2})^5$	352	349.3
$F^\sharp$		$\frac{64}{45}$	$(\sqrt[12]{2})^6$	375.5	370.0
G,	sol	$\frac{3}{2}$	$(\sqrt[12]{2})^7$	396	392.1
$G^\sharp$		$\frac{8}{5}$	$(\sqrt[12]{2})^8$	422.4	415.4
A,	la	$\frac{5}{3}$	$(\sqrt[12]{2})^9$	440	440
$A^\sharp$		$\frac{16}{9}$	$(\sqrt[12]{2})^{10}$	469.3	466.3
B,	si	$\frac{15}{8}$	$(\sqrt[12]{2})^{11}$	495	494.0
C',	do'	2	2	528	523.4

图 17 十二纯律和十二平均律的计算

第九节　二十五音

二十五音见于《灵枢·阴阳二十五人》和《灵枢·五音五味》。二十五音是商朝五弦古琴上的乐音。具体内容如下：

上徵　少徵　质徵　判徵　右徵
上羽　大羽　少羽　桎羽　众羽
上宫　左宫　大宫　少宫　加宫
上商　左商　鈦商　大商　少商
上角　左角　判角　钛角　大角

以上乐音经过文字整理后，在古琴上的排列如下：

上徵 大羽 大宫 大商 大角
上羽 左宫 钛商 钛角 右徵
上宫 左商 判角 判徵 右羽
上商 左角 桎徵 桎羽 右宫
上角 少徵 少羽 少宫 少商

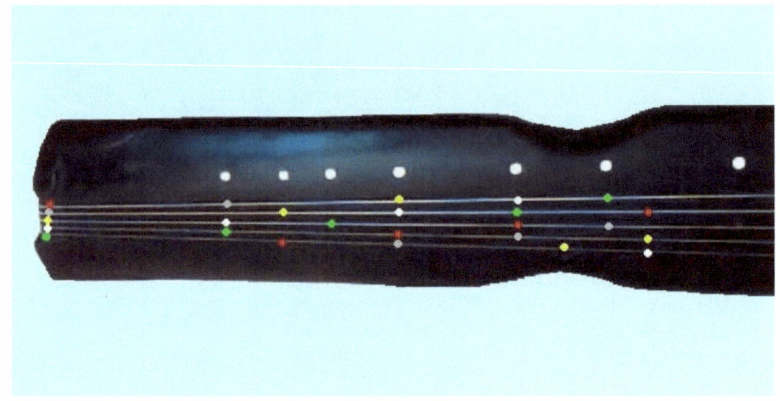

图18 古琴

其中：
上字指散音，也就是指不按弦弹出来的音。
大字指最粗的弦，也称之为一弦。
少字指最细的弦，也称之为五弦。
判字指五弦中间的弦，也称之为三弦。
左字指左数第二列的音。
右字指左数第五列的音。
钛字指第二弦第三四列的音。
桎字指第四弦第三四列的音。

二十五音是五音的发展。其中把散音以外的二十个乐音分成了四组。这是古琴乐音的特点之一。

第十节　　二十五音的和弦

在《灵枢·五音五味》还有另外一种五音的发展方式。这就是二十五音的和弦。其中包括了散音的和弦和按音的和弦。不过文章在传抄过程中错误比较多。如果不将之还原的话，其内容已经不能使用了。

经过多年的研究后，我们终于有了突破。下面是对《灵枢·五音五味》第一页的具体分析：

右征与少征，调右手太阳二，左商与左征，调左手阳明上。少征与大宫，调左手阳明上，右角与大角，调右手少阳下。大征与少征，调左手太阳上，众羽与少羽，调右足太阳下，少商与右商调右手太阳下，桎羽与众羽，调右足太阳下，少宫与大宫，调右足阳明下，判角与少角，调右足少阳下，鈇商与上商，调右足阳明下，鈇商与上角，调左足太阳下。

上征与右征同谷麦、畜羊、果杏，手少阴藏心，色赤味苦，时夏。上羽与大羽，同谷大豆，畜彘，果栗，足少阴藏肾，色黑味咸，时冬。上宫与大宫同谷稷，畜牛，果枣，足太阴藏脾，色黄味甘，时季夏。上商与右商同谷黍，畜鸡，果桃，手太阴藏肺，色白味辛，时秋。上角与大角，同谷麻、畜犬、果李，足厥阴藏肝，色青味酸，时春。

大宫与上角，同右足阳明上，左角与大角，同左足阳明上，少羽与大羽同右足太阳下，左商与右商，同左手阳明上，加宫与大宫同左足少阳上，质判与大宫，同左手太阳下，判角与大角同左足少阳下，大羽与大角，同右足太阳上，大角与大宫同右足少阳上。

右征、少征、质征、上征、判征、右角、鈦角、上角、大角、判角。右商、少商、鈦商、上商、左商。少宫、上宫、大宫、加宫、左角宫。众羽、桎羽、上羽、大羽、少羽。

1、《灵枢·五音五味》的前三段讲的是经络的双音和弦疗法。

其中第一段的格式是：某音与某音，调某阳经的某一部分；

第二段的格式是：某音与某音同，某谷物，某动物，某水果（调补）某阴经，某藏；

第三段的格式是：某音与某音同，（调补）某阳经的某一部分。

某音与某音就是两个乐音的和弦，加一个同字意思不变。调就是调整补充，乐音对经络的作用以补为主。

2、第一段和第三段的内容是同一个内容

第一段和第三段讲的是五条阳经上下左右各个部分的双音疗法，只是由于不是一个人记录的原因才造成写作风格的不同且分开来记录的情况。理论上讲这部分内容应当有二十条（5 乘 4），实际上有二十一条。这可能是记录笔误所致。

3、关于记录经文的四个人

从文字的风格及水平来看，第一页经文应当有三个人来记录，很可能是学生根据回忆默录而成。记录第一段的人只记对了两条；记录第二段的人水平较高没有错误；记录第三段的人只记对了一条。另有一人记录了二十五音的名称（第四段）。

4、关于第二段的学术内容及规律

第二段讲述了用两个古琴的乐音和弦、某种谷物、某种动物和某种水果来调补某一经络和脏器虚证的方法。其中，两个古琴乐音的选择规律是：用五弦琴散音为主音配以第一弦上的同名音，如果主音是第一弦的散音则不可能与第一弦的同名音和弦，这时可以选用第二弦的同名音。如："上徵与右徵同"。

5、关于第一和第三段的学术内容及规律

第一和第三段讲述的是用两个古琴的乐音来调补五条阳经上下左右各个部分虚证的方法。由于传抄的内容比较混乱，其两个乐音选择的规律不很明显。正因如此造成了两千年来学习研究《灵枢•五音五味》者的极大困惑。

为了不受传抄中笔误的干扰，我们采用模拟古人发明双音疗法的过程来复制这一段内容。下面是模拟的基本条件：

1）使经络共振的主音不变（第二段的两个和弦乐音中有一个是使经络共振的主音）。

2）辅音不用五个上音（试验证实上音与同类的高八度乐音和弦只能加强相关阴经的感传）。

3）使用同名音（试验证实非同名音的经络感传是各行其经）。

基于以上三点条件，使某一阳经的某一部分（上下左右）加强共振的两个和弦乐音的排列可能性如下：

AB　　AC　　AD　　BC　　BD　　CD

以上 ABCD 均为同名音，六个和弦音取四个对应该阳经的上下左右四部分。其中有效果重复的和弦，可去掉效果差的、指法难的一个。

下面是试验的结果：

五音之谜

属阳经络名称	和弦乐音		经络局部定位	指法难易
小肠经	质徵	少徵	右下	易
	质徵	右徵	左上	难
	质徵	判徵	左上	易
	少徵	右徵	右上	难
	少徵	判徵	左下	难
	右徵	判徵	左下	易
膀胱经	大羽	少羽	左下	易
	大羽	众羽	右上	难
	大羽	桎羽	右上	难
	少羽	众羽	右下	易
	少羽	桎羽	左上	易
	众羽	桎羽	左上	易
胃经	大宫	加宫	左上	难
	大宫	少宫	左上	易
	大宫	左宫	左下	易
	加宫	少宫	右下	易
	加宫	左宫	右上	难
	少宫	左宫	右下	难
大肠经	左商	右商	右上	难
	左商	钛商	左下	易
	左商	少商	右下	难
	右商	钛商	左上	易
	右商	少商	右上	易
	钛商	少商	右下	难
胆经	大角	左角	左上	难
	大角	钛角	左上	易
	大角	判角	左下	难
	左角	钛角	右下	难
	左角	判角	右上	易
	钛角	判角	右上	易

从以上内容可以看出每一个音可以分别与另外三个音和弦，但最多只有两个结果可以加强该音的经络共振效果。《灵枢·五音五味》中记录了二十一个和弦的情况，与上表对比一下便可以知道原文的错误所在了。下面是对比的情况：

原文正误

右徵与少徵，调右手太阳上。正确
左商与左徵，调左手阳明上。错误
少徵与大宫，调左手阳明上。错误
右角与大角，调右足少阳下。错误
大徵与少徵，调左手太阳上。错误
众羽与少羽，调右足太阳下。正确
少商与右商，调右手太阳下。错误
桎羽与众羽，调右足太阳下。错误
少宫与大宫，调右足阳明下。错误
鈦商与上商，调右足阳明下。错误
鈦商与上角，调左足太阳下。错误
大宫与上角同，右足阳明上。错误
左角与大角同，左足阳明上。错误
少羽与大羽同，右足太阳下。错误
左商与右商同，左手阳明上。错误
加宫与大宫同，左足少阳上。错误
质判与大宫同，左手太阳下。错误
判角与大角同，左足少阳下。正确
大羽与大角同，右足太阳上。错误
大角与大宫同，右足少阳上。错误

换从另一个方法排列，我们可以发现更为具体的问题所在：

经络名称	局部部位	和弦乐音	局部经络数量
手太阳经	右手太阳上	右徵少徵	齐全
	左手太阳上	大徵少徵	
	右手太阳下	少商右商	
	左手太阳下	质判大宫	
足太阳经	右足太阳下	众羽少羽	缺一余二
		桎羽众羽	
		少羽大羽	
	左足太阳下	钛商上角	
	右足太阳上	大羽大角	
	（左足太阳上）		
足阳明经	右足阳明下	少宫大宫	缺一余一
		钛商上商	
	右足阳明上	大宫上角	
	左足阳明上	左角大角	
	（左足阳明下）		
手阳明经	左手阳明上	左商左徵	缺三余二
		少徵大宫	
		左商右商	
	（左手阳明下）		
	（右手阳明上）		
	（右手阳明下）		
足少阳经	右足少阳下	右角大角	余一
		判角少角	
	左足少阳上	加宫大宫	
	左足少阳下	判角大角	
	右足少阳上	大角大宫	

从以上情况可以看出，原始的排列应当是每条阳经四组。其中，手太阳经不缺也不多；足少阳经多余一个；足阳明经缺一个也少一个；足太阳经缺一个多余两个；手阳明经最严重缺三个多余两个。两个乐音和弦的错误更多一些，有一些是明显的文字错误，如大徵；有些是不可能和弦的乐音对，如大角大宫，大羽大角；有一些是违规的组合，如大宫上角，鈦商上角，鈦商上商。

试验时发现，双音疗法确实可以加强经脉的共振效果。因此，对于主要的患病经脉可以重点使用，特别是在古琴音乐治疗曲中尤为适合。有鉴于《灵枢·五音五味》中的混乱情况，可以参考使用以上的实验结果。关于三焦经的双音组合及局部经络共振的情况补充如下：

经络名及部位	古琴对应位置	代号
心包经	三弦散音	E
三焦经左上	11徽／1弦	A
三焦经右下	9徽／6弦	B
三焦经右上	13徽／2弦	C
三焦经左下	7.3徽／4弦	D

和弦方式	主振经络部位	操作难易程度
EA	心包经	易
AB	三焦经左上	易
AC	三焦经左上	易
AD	三焦经左下	难
BC	三焦经右上	难
BD	三焦经右下	易
CD	三焦经右上	难

第四章 声音与经络

声音与经络的关系表现在共振上。当声音的频率与人体某一经络的固有频率一致时，该条经络便会发生共振现象。经络具有波动性，根据其波动的强度和频率可以将其分成三种波：快波、慢波和感传波。

其中：快波是经络本身所固有的波。各条经络的快波频率是不同的，约在 50 至 300 Hz 之间。在经络的病理情况下快波的频率会发生改变，实症时偏高，虚症时偏低。快波在古代以乐音（参见《灵枢·阴阳二十五人》）的形式反映出来；慢波是各条经络的共性波。慢波在经络系统中轮流出现，其频率在每天一百次左右。慢波在古代称之为"气行经脉"（参见《灵枢·五十营》）；感传波不是正常的经络波动，在某些因素作用下（如：针刺、电流、指压、艾灸、乐音、药物和某些病理产物等）可以发生。感传波的性质与慢波相近，但只作用在相关经络上。感传波的强度要大于慢波很多，故而敏感的人可以感受到。感传波在古代叫"气至"（参见《灵枢·九针十二原》）。

前面的六种因素诱发的感传叫生理性感传，它有促进经络气血流通进而起到治疗疾病的作用；后面的因素诱发的感传叫病理性感传。因而与某经络频率相同的乐音在一定强度和时间之上，可以使该经络发生经络感传，进而使该经络气血大量流通。由于经络的结构特点，反映出快波是复合波，且同名经络上下左右或各局部的泛音音量比不同。中国音乐的基础是源于声音与经络的关系,但是这个理论已经失传了。经过整理和重复古人的相关实验,我得出了以下内容可供参考。

第一节　　五音与经络

如果说五音是人的语音的话,那么五音宫商角徵羽这五个字的读音就可以诱发出相应经络的共振。

宫-脾经
商-肺经
角-肝经
徵-心经
羽-肾经

《汉书·乐经》中:"宫动脾,商动肺,角动肝,徵动心,羽动肾"指的不是五脏而是以五脏命名的经络。当然这些经络的确是与五脏密切相关。实际上如果找一个经络敏感人来做的话,涉及的相关经络感传还是比较多的。不过是以这五条经脉为主罢了。下面是通过汉语拼音分析的五音宫商角徵羽对应的经络感传:

1、宫的拼音是 gong,其中 g 通肺经、o 通肺经、ng 通脾经。尾音拉长,故以通脾经为主。
2、商的拼音是 shang,其中 sh 通心包经、a 通肺经、ng 通脾经。两头发音轻,故以通肺经为主。
3、角的拼音是 jue,其中 j 通肝经、u 通脾经、e 通心经。前重后轻,故以通肝经为主。

4、徵的拼音是 zhi，其中 zh 通心经、i 通心包经。i 不发音，故通心经。

5、羽的拼音是 yu（读 ü），通肾经。

第二节　　六律与经络

六律与经络的关系在《内经》中有多处记载。例如《灵枢·经水》中讲："外有六腑，以应六律"。《灵枢·九针论》："五以法音，六以法律"。《灵枢·邪客》："天有六律，人有六腑"。六律与经络的对应关系如下：

赤钟-小肠经
黑钟-膀胱经
大钟-三焦经
黄钟-胃经
景钟-大肠经
青钟-胆经

第三节　　古十二律与经络

古十二律就是六音和六律。它们对应的经络如下：

徵音-心经
羽音-肾经
大音-心包经
宫音-脾经
商音-肺经

角音-肝经
赤钟-小肠经
黑钟-膀胱经
大钟-三焦经
黄钟-胃经
景钟-大肠经
青钟-胆经

《灵枢·经别》说："六律建阴阳诸经而合……十二经脉"指的就是这个内容。

第四节　　十二律与经络

已知与经络共振相关的乐音范围，在大字一组 B1 到小字组#a 两个八度范围之内。这两个八度的乐音共有 24 个。经过研究发现它们与经络共振的关系如下：

B1　心经
C　　心经
#C　肾经后线
D　　肾经前线
#D　心包经
E　　心包经
F　　脾经
#F　肺经
G　　肺经
#G　肝经
A　　肝经
#A　任脉

B　　小肠经
C　　小肠经
#c　　膀胱经小趾外侧线
d　　膀胱经小趾内侧线
#d　　三焦经
e　　三焦经
f　　胃经
#f　　大肠经
g　　大肠经
#g　　胆经前线
a　　胆经后线
#a　　督脉

第五节　　古琴的乐音与经络

由于古琴乐音的复合波与经络的复合波极为相近，故可以使相应的经络分成上下左右或各局部来振动。

1、五弦琴与经络

五弦琴与经络的关系就是二十五音与经络的关系。在《灵枢·阴阳二十五人》中记录了二十五音与经络的对应关系，经过整理后记录如下：

编号	乐音名称	对应经络	对应脏腑
1.	上徵	手少阴心经	心
2.	大羽	足太阳膀胱经	右上
3.	大宫	足阳明胃经	左上
4.	大商	手阳明大肠经	右上
5.	大角	足少阳胆经	左上
6.	上羽	足少阴肾经	肾
7.	左宫	足阳明胃经	右下胃
8.	钦商	手阳明大肠经	左上
9.	钦角	足少阳胆经	右上
10.	右徵	手太阳小肠经	右上
11.	上宫	足太阴脾经	
12.	左商	手阳明大肠经	左下大肠左半
13.	判角	足少阳胆经	左下胆
14.	判徵	手太阳小肠	左下小肠左半
15.	右羽	足太阳膀胱经	右下膀胱
16.	上商	手太阴肺经	
17.	左角	足少阳胆经	右下胆
18.	桎徵	手太阳小肠经	左上
19.	桎羽	足太阳膀胱经	左上
20.	右宫	足阳明胃经	右下胃
21.	上角	足厥阴肝经	肝
22.	少徵	手太阳小肠经	右下小肠右下半
23.	少羽	足太阳膀胱经	左下膀胱
24.	少宫	足阳明胃经	右上
25.	少商	手阳明大肠经	右下大肠右下

2、七弦琴与经络

五弦琴盛行的年代是在周朝以前的事，自周以后人们逐渐改用了七弦琴。据传说是周文王给加了一条弦，称之为"文弦"；周武王给增加了一条弦，称之为"武弦"。七弦琴自周以后一直成为古琴的通用琴种，其定弦方式是在五弦琴的基础上外加高一个八度的两个乐音。最常见的正调定弦法是 CDFGAcd，这种定弦的方式虽然也可以用于音乐疗法，但更适于音乐的演奏。为了更好的适应音乐治疗的需要我们将定弦的方法进行了部分的改动：首先要去掉文武二弦，因为这两个弦的医学作用可以在一二弦的七徽右侧得到；其次是根据治疗的需要增加两个以大字组乐音定音的琴弦。其具体方法如下：

1）十四经脉定弦法

十四经脉在医学上是最常用的经脉，用可以使十四经脉共振（不分上下左右）的方式定弦，会给使用者带来极大的方便。下面是具体的定弦方法：

弦位号	弦径号	定音	相关经络（散音）	相关经络（七徽按音）
一	一	C	心经	小肠经
二	二	D	肾经	膀胱经
三	三	E	心包经	三焦经
四	三	F	脾经	胃经
五	四	G	肺经	大肠经
六	五	A	肝经	胆经
七	五	bB	任脉	督脉

在琴的七徽至琴尾的龙龈之间有可以将属阳经脉分成上下左右或段来共振的乐音。下面是具体的经脉局部与七弦琴位置的对应情况：

经络部位	乐音位置（徽位/弦数）
小肠经左上	10/5
小肠经左下	9/4
小肠经右上	7.7/2
小肠经右下	12/6
膀胱经左上	9/5
膀胱经左下	10/6
膀胱经右上	13/1
膀胱经右下	8/4
三焦经左上	11/1
三焦经左下	7.3/4
三焦经右上	13/2
三焦经右下	9/6
胃经左上	10/1
胃经左下	12/2
胃经右上	8.5/6
胃经右下	7.7/5
大肠经左上	10/2
大肠经左下	13/4
大肠经右上	9/1
大肠经右下	7.7/6
胆经左上	8/1
胆经左下	11/4
胆经右上	9/2
胆经右下	13/5
督脉右上	7.7/1
督脉右下	8/2
督脉右上	9.5/3
督脉左下	10/4
督脉左下	12/5
督脉左上	13.5/6

3、九弦琴与经络

《宋史.乐志一》记载了宋太宗至道元年赵匡义把琴从七弦增至为九弦，名为："君、臣、文、武、礼、乐、正、民、心"。九弦琴比七弦琴要宽一些。九弦琴自创制之后，一直不为琴家所接受。但用于音乐疗法则颇为方便。下面是九弦琴的医用定弦法：

弦位号	弦径号	定音	相关经络（散音）	相关经络（七徽按音）
一	一	C	心经	小肠经
二	一或二	bD	肾经后线	膀胱经小趾外线
三	二	D	肾经前线	膀胱经小指内线
四	三	E	心包经	三焦经
五	三	F	脾经	胃经
六	四	G	肺经	大肠经
七	五	bA	肝经	胆经前线
八	五	A	肝经	胆经后线
九	五	bB	任脉	督脉

4、十弦琴与经络

1978年3月湖北随县擂鼓墩曾侯乙墓出土了一床十弦琴，琴身较现在的琴短（67 cm），表面不平，可张弦十条。如果用于音乐疗法可按如下方法定弦（不做按音）：

弦位号	弦径号（可用古筝弦）	定音	相关经脉
一	一	C	心经
二	二	D	肾经
三	三	F	脾经
四	四	G	肺经
五	五	A	肝经

六	六		c	小肠经
七	七		d	膀胱经
八	八		f	胃经
九	九		g	大肠经
十	十		a	胆经

这种定弦法是比较原始的定弦法，虽名为琴但与编钟或瑟疗法无异。

5、十二弦琴与经络

据考古发现战国时已有了十二弦的琴。宋代也有人制作十二弦的琴，如《宋史·卷一二六.志第七十九》载："十二弦琴者，如常琴之制而增其弦，皆以象律吕之数"。作者未能有幸见其文物实物，但据上可知十二弦琴是以普通制琴的方法加宽并增加弦数至十二条而成。十二弦琴的定弦方法是按古十二律排列的。因此，如果制作十二弦琴并用于音乐疗法则可按如下方法定音：

弦位号	弦径号（可用古筝弦）	定音	相关经脉
一	一	C	心经
二	二	D	肾经
三	三	E	心包经
四	四	F	脾经
五	五	G	肺经
六	六	A	肝经
七	七	c	小肠经
八	八	d	膀胱经
九	九	e	三焦经
十	十	f	胃经
十一	十一	g	大肠经
十二	十二	a	胆经

6、大琴乐音与经络

一般的七弦琴定音在大字一组,只是这一组的乐音尚不能够将阴经分成上下左右四个部分来共振。为了将阴经也分成上下左右四个部分就需要大字二组定音的乐器。加长的大古琴就可以解决这个问题。我们设计的医用古琴如下图:

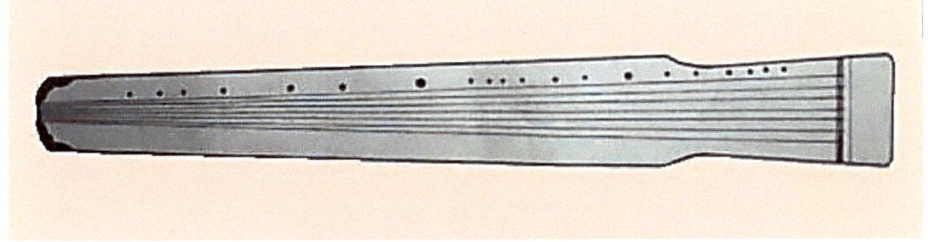

图 19 医用古琴设计图

这个大古琴采用了二十个琴徽,其目的就是要保留二十五音的用徽习惯。大琴用起来也还是很方便的。大琴乐音对应的阴经经络如下:

郭原　顾泽长

大琴定弦　　C1D1E1F1G1A1bB1

序号	音名	音位	对应经络名称
1.	大上徵	第一弦的散音	
2.	大大羽	位置在第一弦的第二十徽上	足少阴肾经右下
3.	大变宫一	位置在第一弦的第十八徽上	手厥阴心包右下
4.	大大宫	位置在第一弦的第十七徽上	足太阴脾经右下
5.	大大商	位置在第一弦的第十六徽上	手太阴肺经左上
6.	大大角	位置在第一弦的第十五徽上	足厥阴肝经右上
7.	大上羽	第二弦的散音	
8.	大变宫二	位置在第二弦的第二十徽上	手厥阴心包经右上
9.	大左宫	位置在第二弦的第十九徽上	足太阴脾经左下
10.	大钦商	位置在第二弦的第十七徽上	手太阴肺经右下
11.	大钦角	位置在第二弦的第十六徽上	足厥阴肝经右下
12.	大右徵	第二弦第十四徽第七分上	手少阴心经右上
13.	大变宫散	第三弦的散音	
14.	大上宫	第四弦的散音	
15.	大左商	位置在第四弦的第二十徽上	手太阴肺经左下
16.	大判角	位置在第四弦的第十八徽上	足厥阴肝经左下
17.	大判徵	位置在第四弦的第十六徽上	手少阴心经左上
18.	大右羽	位置在第四弦的第十五徽上	足少阴肾经左下
19.	大变宫四	第四弦第十四徽第二分上	手厥阴心包经左上
20.	大上商	第五弦上的散音	
21.	大左角	位置在第五弦的第二十徽上	足厥阴肝经左上
22.	大桎徵	位置在第五弦的第十七徽上	手少阴心经左上
23.	大桎羽	位置在第五弦的第十六徽上	足少阴肾经左上
24.	大变宫五	位置第五弦的第十五徽上	手厥阴心包经左下
25.	大右宫	第五弦第十四徽第七分上	足太阴脾经左上
26.	大上角	第六弦上的散音	
27.	大少徵	位置在第六弦的第二十徽上	手少阴心经右下
28.	大少羽	位置在第六弦的第十七徽上	足少阴肾经右上
29.	大少宫	第六弦第十五徽第五分上	足太阴脾经左上
30.	大少商	第六弦第十四徽第七分上	手太阴肺经右上
31.	大和	第七弦上的散音	任脉

第六节　　汉语拼音与经络

对五音宫商角徵羽的进一步的研究发现：几乎所有的字音都可以引发人脏腑经络的共振，但是这个振动往往不止一条经络。如"宫"是先肺经后脾经。按照一个字由声母和韵母组成的模式，我们将宫的发音分开来读（g 和 ong），我们发现 g 引发的是肺经；o 引发的是肺经，ng 引发的是脾经。当读 gong 时，一般 g 的读音比较轻，而 o 比较短，只有 ng 拉的比较长。因而，突出了 ng 的作用，于是宫主要振动了脾经。为了了解全部字音的经络感传情况，我们将字典上基本的声母和韵母分别进行了经络感传试验。其结果如下：

声母	读音	经络	声母	读音	经络	声母	读音	经络
b	玻	肺经	p	坡	心经	m	摸	任脉
f	佛	肾经	d	得	心经	t	特	心经
n	讷	心经	l	勒	心包经	g	哥	肺经
k	科	肺经	h	喝	心经	j	基	肝经
q	欺	肺经	x	希	脾经	zh	知	心包经
ch	蚩	心包经	sh	诗	心包经	r	日	肝经
z	支	心经	c	吃	脾经	s	思	脾经

韵母	读音	经络	韵母	读音	经络	韵母	读音	经络
a	啊	肺经	o	喔	肺经	e	鹅	心经
i	衣	心包经	u	乌	脾经	ü	迂	肾经
ng	（鼻音）	脾经						

第七节　　汉字字音与经络

　　虽然汉字据《中华字海》所载为 85000 字，但汉字的发音却只有 416 个（新华字典）。因此，只要将这 416 个字音的对应经络作用阐明，便可以用字音来治疗疾病了。当然一个字音可以有几个经络的医疗作用。其中，可能有一个是主要的，我们将在其后面注上＊号。

五音之谜

拼音	字例	共振经络（平声）	共振经络（仄声）	注释
a	啊	肺经	大肠经	
ai	哀	肺经心包经*	大肠经三焦经*	i 音拉长
an	安	肺经* 心经	大肠经*小肠经	a 音较重
ang	肮	肺经* 心经	大肠经*小肠经	ag 皆通肺经
ao	凹	肺经	大肠经	
ba	八	肺经	大肠经	
bai	白	肺经心包经	大肠经*三焦经	
ban	班	肺经心经	大肠经*小肠经	
bang	帮	肺经心经	大肠经*小肠经	
bao	包	肺经	大肠经	
bei	杯	肺经心经心包经	大肠经小肠经三焦经*	i 音较长
ben	奔	肺经心经	大肠经小肠经*	en 皆通心经
beng	崩	肺经心经	大肠经小肠经	
bi	逼	肺经心包经	大肠经三焦经	
bian	边	肺经任脉心包经心经	大肠经*三焦经小肠经	ba 皆通肺经
biao	标	肺经任脉心包经	大肠经*三焦经	bao 皆通肺经
bie	鳖	肺经心包经心经	大肠经三焦经小肠经*	e 音较长
bin	宾	肺经心包经心经*	大肠经三焦经小肠经*	n 音较长
bing	兵	肺经*心包经心经	大肠经*三焦经小肠经	bn 皆通肺经
bo	波	肺经任脉	大肠经	
bu	不	肺经脾经*	大肠经胃经*	u 音较长
ca	擦	脾经肺经	胃经大肠经	
cai	猜	脾经肺经心包经	胃经大肠经三焦经	
can	餐	脾经肺经心经	胃经大肠经*小肠经	a 音较长
cang	仓	脾经肺经任脉心经	胃经大肠经*小肠经	ag 通肺经
cao	操	脾经肺经	胃经大肠经*	ao 通肺经
ce	策	脾经心经*	胃经小肠经*	e 音较长
cen	岑	脾经心经*	胃经小肠经*	en 通心经
ceng	层	脾经心经*肺经	胃经小肠经*大肠经	en 通心经
cha	插	心包经肺经	三焦经大肠经*	a 音较长
chai	拆	心包经*肺经	三焦经*大肠经	ch i 通心包经
chan	搀	心包经肺经心经	三焦经大肠经*小肠经	a 音较长
chang	昌	心包经肺经心经	三焦经大肠经*小肠经	ag 通肺经
chao	超	心包经肺经	三焦经大肠经*	ao 通肺经

che	车	心包经心经	三焦经小肠经	
chen	尘	心包经心经*	三焦经小肠经*	en 通心经
cheng	成	心包经心经*肺经	三焦经小肠经*大肠经	en 通心经
chi	吃	心包经	三焦经	
chong	冲	心包经肺经心经	三焦经大肠经*小肠经	og 通肺经
chou	抽	心包经脾经*	三焦经大肠经胃经*	u 音较长
chu	出	心包经脾经*	三焦经胃经*	u 音较长
chua	心	包经脾经肺经*	三焦经胃经大肠经*	a 音较长
chuai	揣	心包经*脾经肺经	三焦经*胃经大肠经	chi 通心包经
chuan	川	心包经脾经肺经心经	三焦经胃经大肠经小肠经	
chuang	窗	心包经脾经肺经任脉	心经胃经大肠经*小肠	ag 通肺经
chui	崔	心包经*脾经	三焦经*胃经	ch i 通心包经
chun	春	心包经脾经心经	三焦经胃经小肠经	
chuo	戳	心包经脾经肺经	三焦经胃经大肠经	
ci	词	脾经胃经		
cong	葱	脾经肺经心经	胃经大肠经*小肠经	og 通肺经
cou	凑	脾经*肺经	胃经*大肠经	cu 通脾经
cuan	蹿	脾经*肺经心经	胃经*大肠经小肠经	cu 通脾经
cui	崔	脾经*心包经胃经*	三焦经	cu 通脾经
cun	村	脾经*心经	胃经*小肠经	cu 通脾经
cuo	搓	脾经*肺经	胃经*大肠经	cu 通脾经
da	搭	心经肺经*	小肠经大肠经*	a 音较长
dai	呆	心经肺经心包经*	小肠经大肠经三焦经	*i 音较长
dan	单	心经*肺经	小肠经*大肠经	dn 通心经
dang	当	心经肺经脾经	小肠经大肠经	
dao	刀	心经肺经*	小肠经大肠经*	ao 通肺经
de	德	心经小肠经		
dei	得	心经*心包经	小肠经*三焦经	de 通心经
den		心经小肠经		
deng	灯	心经*肺经	小肠经*大肠经	den 通心经
di	帝	心经心包经	心经心包经	
dia	嗲	心经心包经肺经	小肠经三焦经大肠经	
dian	掂	心经*心包经肺经	小肠经*三焦经大肠经	dn 通心经
diao	刁	心经心包经肺经*	小肠经三焦经大肠经*	ao 通肺经
die	跌	心经*心包经	小肠经*三焦经	de 通心经
ding	丁	心经*心包经肺经	小肠经三焦经大肠经	dn 通心经
diu	丢	心经心包经脾经*	小肠经三焦经胃经	*u 音较长

dong	冬	心经肺经脾经	小肠经大肠经胃经	
dou	兜	心经肺经脾经	小肠经大肠经胃经	
du	督	心经脾经*	小肠经胃经*	u 音较长
duan	端	心经*脾经肺经	小肠经*胃经大肠经	dn 通心经
dui	堆	心经脾经心包经	小肠经胃经大肠经	
dun	顿	心经*脾经	小肠经胃经	dn 通心经
duo	多	心经脾经肺经	小肠经胃经大肠经	
e	鹅	心经	小肠经	
ei	欸	心经心包经	小肠经三焦经	
en	恩	心经	小肠经	
eng		心经肺经	小肠经大肠经	
er	儿	心经肝经	小肠经胆经	
fa		肾经肺经*	膀胱经大肠经*	a 音较长
fan	翻	肾经肺经心经	膀胱经大肠经小肠经	
fang	方	肾经肺经*心经	膀胱经大肠经*小肠经	ag 通肺经
fei	非	肾经心经心包经	膀胱经小肠经三焦经	
fen	分	肾经心经*膀胱经	小肠经*	en 通心经
feng	风	肾经心经*肺经	膀胱经小肠经*大肠经	en 通心经
fo	佛	肾经肺经	膀胱经大肠经	
fou	否	肾经肺经脾经	膀胱经大肠经胃经	
fu	夫	肾经脾经*	膀胱经胃经*	u 音较长
ga	嘎	肺经	大肠经	
gai	该	肺经心包经	大肠经*三焦经	ga 通肺经
gan	干	肺经*心经	大肠经*小肠经	ga 通肺经
gang	刚	肺经心经	大肠经*小肠经	ga 通肺经
gao	高	肺经	大肠经	
ge	哥	肺经心经	大肠经小肠经	
gei	给	肺经心经心包经	大肠经小肠经三焦经	
gen	根	肺经心经*	大肠经小肠经*	en 通心经
geng	更	肺经心经	大肠经小肠经	
gong	工	肺经心经	大肠经*小肠经	go 通肺经
gou	钩	肺经脾经	大肠经*胃经	go 通肺经
gu	姑	肺经脾经*	大肠经胃经*	u 音较长
gua	瓜	肺经脾经	大肠经*胃经	ga 通肺经
guai	乖	肺经脾经心包经	大肠经*胃经三焦经	ga 通肺经
guan	关	肺经脾经心经	大肠经*胃经小肠经	ga 通肺经
guang	光	肺经脾经心经	大肠经*胃经小肠经	ga 通肺经

gui	规	肺经*脾经心包经	大肠经*胃经三焦经	ge 通肺经
gun	滚	肺经脾经心经	大肠经胃经小肠经	
guo	郭	肺脉脾经	大肠经*胃经	go 通肺经
ha	哈	心经肺经*	小肠经大肠经*	a 音较长
hai	还	心经肺经心包经	小肠经大肠经三焦经	
han	含	心经*肺经	小肠经*大肠经	hn 通心经
hang	杭	心经肺经	小肠经大肠经	
hao	蒿	心经肺经*	小肠经大肠经*	ao 通肺经
he	喝	心经	小肠经	
hei	黑	心经*心包经	小肠经*三焦经	he 通心经
hen	痕	心经	小肠经	
heng	恒	心经*肺经	小肠经*大肠经	hen 通心经
hm		心经肺经	小肠经大肠经	
hng		心经*肺经	小肠经*大肠经	hn 通心经
hong	烘	心经肺经脾经	小肠经大肠经胃经	
hou	喉	心经肺经脾经	小肠经大肠经胃经	
hu	呼	心经脾经*	小肠经胃经*u 音较长	
hua	花	心经脾经肺经	小肠经胃经大肠经	
huai	怀	心经脾经肺经	心包经小肠经胃经大肠经三焦经	
huan	欢	心经*肺经脾经	小肠经*胃经大肠经	hn 通心经
huang	荒	心经脾经肺经	小肠经胃经大肠经	
hui	徽	心经脾经心包经	小肠经胃经三焦经	
hun	昏	心经*脾经	小肠经*胃经	hn 通心经
huo	豁	心经脾经肺经	小肠经胃经大肠经	
ji	基	肝经	胆经	
jia	加	肝经心包经肺经	胆经三焦经大肠经*	a 音较长
jian	尖	肝经心包经肺经心经	胆经三焦经大肠经小肠经	
jiang	姜	肝经心包经肺经脾经	胆经三焦经大肠经*小肠经	ag 通肺经
jiao	交	肝经心包经肺经*	胆经三焦经大肠经*	ao 通肺经
jie	接	肝经心经	胆经小肠经	
jin	金	肝经心经	胆经小肠经	
jing	京	肝经心经肺经	胆经小肠经大肠经	
jiong	炯	肝经心包经肺经脾经	胆经三焦经小肠经大肠经*	og 通肺经
jiu	究	肝经脾经	胆经胃经	
ju	居	肝经肾经*	胆经膀胱经*	u 音较长

juan	捐	肝经肾经肺经心经	胆经膀胱经大肠经小肠经	
jue	绝	肝经肾经心经	胆经膀胱经小肠经	
jun	军	肝经肾经心经	胆经膀胱经小肠经	
ka	喀	肺经	大肠经	
kai	开	肺经心包经	大肠经*三焦经	ka 通肺经
kan	刊	肺经心经	大肠经*小肠经	ka 通肺经
kang	康	肺经脾经	大肠经*小肠经	kag 通肺经
kao	尻	肺经	大肠经	
ke	克	肺经心经	大肠经小肠经	
kei		肺经心经心包经	大肠经小肠经三焦经	
ken	肯	肺经心经*	大肠经小肠经*	en 通心经
keng	坑	肺经心经	大肠经小肠经	
kong	空	肺经脾经	大肠经*小肠经	kog 通肺经
kou	抠	肺经脾经	大肠经*胃经	ko 通肺经
ku	哭	肺经脾经*	大肠经胃经*	u 音较长
kua	夸	肺经脾经	大肠经*胃经	ka 通肺经
kuai	快	肺经脾经心包经	大肠经*胃经三焦经	ka 通肺经
kuan	宽	肺经脾经心经	大肠经*胃经小肠经	ka 通肺经
kuang	筐	肺经脾经心经	大肠经*胃经小肠经	kag 通肺经
kui	亏	肺经脾经心包经	大肠经胃经三焦经	
kun	昆	肺经脾经心经	大肠经胃经小肠经	
kuo	扩	肺经任脉脾经	大肠经*胃经	ko 通肺经
la	拉	心包经肺经	三焦经大肠经	
lai	来	心包经* 肺经	三焦经*大肠经	la 通心包经
lan	兰	心包经肺经心经	三焦经大肠经小肠经	
lang	狼	心包经肺经*心经	三焦经大肠经*小肠经	ag 通肺经
lao	捞	心包经肺经*	三焦经大肠经*	ao 通肺经
le	勒	心包经心经	三焦经小肠经	
lei	雷	心包经*心经	三焦经*小肠经	li 通心包经
leng	棱	心包经心经*肺经	三焦经小肠经*大肠经	en 通心经
li	离	心包经	三焦经	
lia	俩	心包经*肺经	三焦经*大肠经	li 通心包经
lian	连	心包经*心经	三焦经*大肠经小肠经	li 通心包经
liang	量	心包经肺经心经	三焦经大肠经小肠经	
liao	辽	心包经肺经	三焦经大肠经	
lie	列	心包经*心经	三焦经小肠经	li 通心包经
lin	林	心包经*心经	三焦经小肠经	li 通心包经

ling	零	心包经*心经肺经	三焦经小肠经大肠经	li 通心包经
liu	留	心包经*脾经	三焦经*胃经	li 通心包经
lo	咯	心包经肺经	三焦经大肠经	
long	龙	心包经肺经*心经	三焦经大肠经*小肠经	og 通肺经
lou	搂	心包经任脉脾经	三焦经大肠经胃经	
lu	炉	心包经脾经	三焦经胃经	
lü	驴	心包经肾经	三焦经膀胱经	
luan	乱	心包经脾经肺经心经	三焦经胃经大肠经小肠经	
lüe	略	心包经肾经心经	三焦经膀胱经小肠经	
lun	轮	心包经脾经肺经心经	三焦经胃经大肠经小肠经	
luo	罗	心包经脾经肺经	三焦经胃经小肠经	
m		肺经	大肠经	
ma	妈	肺经	大肠经	
mai	麦	肺经*心包经	大肠经*三焦经	ma 通肺经
man	蛮	肺经*心经	大肠经*小肠经	ma 通肺经
mang	忙	肺经*心经	大肠经*小肠经	mag 通肺经
mao	猫	肺经	大肠经	
me	么	肺经心经	大肠经小肠经	
mei	没	肺经心经心包经	大肠经小肠经三焦经	
men	门	肺经心经*大肠经	小肠经*en 通心经	
meng	盟	肺经心经	大肠经小肠经	
mi	米	肺经心包经	大肠经三焦经	
mian	棉	肺经*心包经心经	大肠经*三焦经小肠经	
miao	苗	肺经*心包经	大肠经*三焦经 mao 通肺经	
mie	灭	肺经心包经心经	大肠经三焦经小肠经	
min	民	肺经心包经心经	大肠经三焦经小肠经	
ming	明	肺经*心包经心经	大肠经*三焦经小肠经 mg 通肺经	
miu	缪	肺经心包经脾经	大肠经三焦经胃经	
mo	摸	肺经	大肠经	
mou	哞	肺经*脾经	大肠经*胃经	
mu	亩	肺经脾经	大肠经胃经	
n		心经	小肠经	
na	拿	心经肺经	小肠经大肠经	
nai	乃	心经肺经心包经	小肠经大肠经三焦经	
nan	南	心经*肺经	小肠经*大肠经	nn 通心经
nang	囊	心经肺经	小肠经大肠经	
nao	孬	心经肺经*	小肠经大肠经*	ao 通肺经

ne	讷	心经	小肠经	
nei	内	心经*心包经	小肠经*三焦经	ne 通心经
nen	嫩	心经	小肠经	
neng	能	心经*肺经	小肠经*大肠经	ne 通心经
ng		心经肺经	小肠经大肠经	
ni	泥	心经心包经	小肠经心包经	
nia		心经心包经肺经	小肠经三焦经大肠经	
nian	年	心经*心包经肺经	小肠经*三焦经大肠经	nn 通心经
niang	娘	心经心包经肺经	小肠经三焦经大肠经	
niao	鸟	心经心包经肺经*	小肠经三焦经大肠经	ao 通肺经
nie	捏	心经*心包经	小肠经*三焦经	ne 通心经
nin	您	心经*心包经	小肠经*三焦经	nn 通心经
ning	宁	心经*心包经肺经	小肠经*三焦经大肠经	nn 通心经
niu	牛	心经心包经肺经脾经	小肠经三焦经胃经大肠经	
nong	农	心经肺经	小肠经大肠经	
nou	耨	心经肺经脾经	小肠经大肠经胃经	
nu	奴	心经脾经	小肠经胃经	
nü	女	心经肾经	小肠经膀胱经	
nuan	暖	心经*脾经肺经	小肠经*胃经大肠经	nn 通心经
nüe	疟	心经*肾经	小肠经*膀胱经	ne 通心经
nuo	诺	心经脾经肺经	小肠经胃经大肠经	
o	哦	肺经	大肠经	
ou	欧	肺经脾经	大肠经胃经	
pa	趴	心经肺经	小肠经大肠经	
pai	拍	心经肺经心包经	小肠经大肠经三焦经	
pan	潘	心经*肺经小肠经*	大肠经	pn 通心经
pang	旁	心经肺经	小肠经大肠经	
pao	抛	心经肺经*小肠经	大肠经*	ao 通肺经
pei	呸	心经*心包经	小肠经*三焦经	pe 通心经
pen	喷	心经	小肠经	
peng	烹	心经*肺经	小肠经*大肠经	pen 通心经
pi	批	心经心包经	小肠经三焦经	
pian	偏	心经*心包经肺经	小肠经*三焦经大肠经	pn 通心经
piao	漂	心经心包经肺经*	小肠经三焦经大肠经*	ao 通肺经
pie	撇	心经*心包经小肠经*	三焦经	pe 通心经
pin	拼	心经*心包经小肠经*	三焦经	pn 通心经
ping	凭	心经*心包经肺经	小肠经*三焦经大肠经	pn 通心经

po	坡	心经肺经	小肠经大肠经	
pou	剖	心经肺经脾经	小肠经大肠经胃经	
pu	扑	心经脾经	小肠经脾经	
qi	七	肺经	大肠经	
qia	恰	肺经	大肠经	
qian	千	肺经*心经	大肠经*小肠经	qa 通肺经
qiang	枪	肺经*心经	大肠经*小肠经	qag 通肺经
qiao	锹	肺经	大肠经	
qie	切	肺经心经	大肠经小肠经	
qin	亲	肺经心经	大肠经小肠经	
qing	清	肺经*心经	大肠经*小肠经	qg 通肺经
qiong	穷	肺经*心经	大肠经*小肠经	qng 通肺经
qiu	秋	肺经脾经经	大肠经胃经	
qu	区	肺经肾经	大肠经膀胱经	
quan	圈	肺经*肾经心经	大肠经*膀胱经小肠经	qa 通肺经
que	缺	肺经肾经心经	大肠经膀胱经小肠经	
qun	群	肺经肾经心经	大肠经膀胱经小肠经	
ran	然	肝经肺经心经	胆经大肠经小肠经	
rang	让	肝经肺经*心经胆经	大肠经*小肠经 ag 通肺经	
rao	扰	肝经肺经*胆经	大肠经*	ao 通肺经
re	热	肝经心经	胆经小肠经	
ren	人	肝经心经*	胆经小肠经*	en 通心经
reng	扔	肝经心经*肺经	胆经小肠经*大肠经	en 通心经
ri	日	肝经	胆经	
rong	溶	肝经肺经*心经	胆经大肠经*小肠经	og 通肺经
rou	肉	肝经肺经脾经	胆经大肠经胃经	
ru	如	肝经脾经	胆经胃经	
ruan	软	肝经脾经肺经心经	胆经胃经大肠经小肠经	
rui	锐	肝经脾经心包经	胆经胃经三焦经	
run	润	肝经脾经心经	胆经胃经小肠经	
ruo	若	肝经脾经肺经	胆经胃经大肠经	
sa	仨	脾经肺经*胃经	大肠经*a 音较长	
sai	塞	脾经肺经心包经	胃经大肠经三焦经	
san	三	脾经肺经心经	胃经大肠经小肠经	
sang	桑	脾经肺经*心经	胃经大肠经*小肠经	ag 通肺经
sao	稍	脾经肺经*	胃经大肠经*	ao 通肺经
se	涩	脾经心经	胃经小肠经	

sen	参	脾经心经*	胃经小肠经*	en 通心经
seng	僧	脾经心经*肺经	胃经小肠经*大肠经	en 通心经
sha	莎	心包经肺经	三焦经大肠经	
shai	筛	心包经*肺经	三焦经*大肠经	sh i 通心包经
shan	山	心包经肺经心经	三焦经大肠经小肠经	
shang	商	心包经肺经*心经	三焦经大肠经*小肠经	ag 通肺经
shao	稍	心包经肺经*	三焦经大肠经*	ao 通肺经
she	奢	心包经心经	三焦经小肠经	
shei	谁	心包经*心经	三焦经*小肠经	sh i 通心包经
shen	申	心包经*	三焦经小肠经*	en 通心经
sheng	声	心包经心经*肺经	三焦经小肠经*大肠经	en 通心经
shi	诗	心包经	三焦经	
shou	收	心包经肺经脾经	三焦经大肠经胃经	
shu	书	心包经脾经	三焦经胃经	
shua	刷	心包经脾经肺经	三焦经胃经大肠经	
shuai	衰	心包经*脾经肺经	三焦经*胃经大肠经	sh i 通心包经
shuan	拴	心包经脾经肺经心经	三焦经胃经大肠经小肠经	
shuang	双	心包经脾经肺经*心经	三焦经胃经大肠经*小肠	ag 通肺经
shui	水	心包经*脾经	三焦经*胃经	sh i 通心包经
shun	顺	心包经脾经心经	三焦经胃经小肠经	
shuo	说	心包经脾经肺经	三焦经胃经大肠经	
si	思	脾经	胃经	
song	松	脾经肺经*心经	胃经大肠经*小肠	og 通肺经
sou	搜	脾经*肺经	胃经*大肠经	su 通脾经
su	苏	脾经	胃经	
suan	酸	脾经*肺经心经	胃经*大肠经小肠经	su 通脾经
sui	虽	脾经*心包经	胃经*三焦经	su 通脾经
sun	孙	脾经*心经	胃经*小肠经	su 通脾经
suo	梭	脾经肺经	胃经大肠经	su 通脾经
ta	他	心经肺经	小肠经大肠经	
tai	胎	心经肺经心包经	小肠经大肠经三焦经	
tan	贪	心经*肺经小肠经*	大肠经	tn 通肺经
tang	汤	心经肺经	小肠经大肠经	
tao	涛	心经肺经*	小肠经大肠经*	
te	特	心经	小肠经	
teng	疼	心经*肺经	小肠经*大肠经	ten 通心经

ti	梯	心经心包经	小肠经三焦经	
tian	天	心经*心包经肺经	小肠经*三焦经	tn 通心经
tiao	挑	心经心包经肺经*	小肠经三焦经大肠经	ao 通肺经
tie	贴	心经*心包经	小肠经*三焦经	te 通心经
ting	听	心经*心包经肺经	小肠经*三焦经	tn 通心经
tong	通	心经肺经	小肠经大肠经	
tou	偷	心经肺经脾经	小肠经大肠经胃经	
tu	突	心经脾经	小肠经胃经	
tuan	团	心经*脾经肺经	小肠经*胃经大肠经	tn 通心经
tui	推	心经脾经心包经	小肠经胃经三焦经	
tun	吞	心经*脾经	小肠经*胃经	tn 通心经
tuo	托	心经肺经脾经	小肠经大肠经胃经	
wa	挖	脾经肺经*	胃经大肠经*	a 音较长
wai	歪	脾经肺经心包经	胃经大肠经三焦经	
wan	弯	脾经肺经心经	胃经大肠经小肠经	
wang	汪	脾经肺经*心经	胃经大肠经*小肠经	ag 通肺经
wei	微	脾经心经心包经	胃经小肠经三焦经	
wen	温	脾经心经*	胃经小肠经*	en 通心经
weng	翁	脾经心经*肺经	胃经小肠经*大肠经	en 通心经
wo	窝	脾经肺经*	胃经大肠经*	o 音较长
wu	乌	脾经	胃经	
xi	喜	脾经	胃经	
xia	虾	脾经肺经	胃经大肠经	
xian	先	脾经肺经心经	胃经大肠经小肠经	
xiang	香	脾经肺经*心经	胃经大肠经*小肠经	ag 通肺经
xiao	消	脾经肺经*	胃经大肠经*	ao 通肺经
xie	些	脾经心经	胃经小肠经	
xin	心	脾经心经	胃经小肠经	
xing	星	脾经心经肺经	胃经小肠经大肠经	
xiong	胸	脾经心经肺经*	胃经小肠经大肠经*	og 通肺经
xiu	修	脾经	胃经	
xu	须	脾经肾经	胃经膀胱经	
xuan	宣	脾经肾经肺经心经	胃经膀胱经大肠经小肠经	
xue	削	脾经肾经心经	胃经膀胱经小肠经	
xun	熏	脾经肾经心经	胃经膀胱经小肠经	
ya	压	心包经肺经*	三焦经大肠经*	a 音较长
yan	烟	心包经肺经心经	三焦经大肠经小肠经	

yang	央	心包经肺经*心经	三焦经大肠经*小肠经	ag 通肺经
yao	腰	心包经肺经*	三焦经大肠经*	ao 通肺经
ye	耶	心包经心经	三焦经小肠经	
yi	一	心包经	三焦经	
yin	音	心包经心经	三焦经小肠经	
ying	英	心包经心经肺经	三焦经小肠经大肠经	
yo	唷	心包经肺经	三焦经大肠经	
yong	庸	心包经肺经*心经	三焦经大肠经*小肠经	
you	邮	心包经肺经脾经	三焦经大肠经胃经	
yu	郁	肾经	膀胱经	
yuan	渊	肾经肺经心经	膀胱经大肠经小肠经	
yue	约	肾经心经	膀胱经小肠经	
yun	晕	肾经心经	膀胱经小肠经	
za	杂	心经肺经	小肠经大肠经	
zai	栽	心经肺经心包经	小肠经大肠经三焦经	
zan	簪	心经*肺经小肠经*	大肠经	zn 通心经
zang	赃	心经肺经	小肠经大肠经	
zao	遭	心经肺经*	小肠经大肠经*	ao 通肺经
ze	则	心经	小肠经	
zei	贼	心经*心包经	小肠经*三焦经	ze 通心经
zen	怎	心经	小肠经	
zeng	增	心经*肺经	小肠经*大肠经	zen 通心经
zha	楂	心经肺经	小肠经大肠经	
zhai	摘	心经肺经心包经	小肠经大肠经三焦经	
zhan	沾	心经*肺经	小肠经*大肠经	zh n 通心经
zhang	章	心经肺经	小肠经大肠经	
zhao	招	心经肺经*	小肠经大肠经*	ao 通肺经
zhe	蜇	心经	小肠经	
zhei	这	心经*心包经	小肠经*三焦经	zh e 通心经
zhen	针	心经	小肠经	
zheng	征	心经*肺经	小肠经*大肠经	zh en 通心经
zhi	之	心经	小肠经	
zhong	中	心经肺经	小肠经大肠经	
zhou	周	心经肺经脾经	小肠经大肠经胃经	
zhu	朱	心经脾经	小肠经胃经	
zhua	抓	心经脾经肺经	小肠经胃经大肠经	
zhuai	拽	心经脾经肺经心包经	小肠经脾经大肠经三焦经	

zhuan	专	心经*脾经肺经	小肠经*胃经大肠经	zhn 通心经
zhuang	庄	心经脾经肺经	小肠经胃经大肠经	
zhui	追	心经脾经心包经	小肠经胃经三焦经	
zhun	谆	心经*脾经	小肠经*胃经	zhn 通心经
zhuo	捉	心经肺经脾经	小肠经大肠经胃经	
zi	资	心经	小肠经	
zong	宗	心经肺经	小肠经大肠经	
zou	邹	心经肺经脾经	小肠经大肠经胃经	
zu	租	心经脾经	小肠经胃经	
zuan	钻	心经*脾经肺经	小肠经*胃经大肠经	zn 通心经
zui	最	心经脾经心包经	小肠经胃经三焦经	
zun	尊	心经*脾经	小肠经*胃经	zn 通心经
zuo	作	心经肺经脾经	小肠经大肠经胃经	

第八节　　单经脉共振的字音

经脉单经共振字音：

心经　　de den e en he hen n ne nen pen te ze zen zi zhe zhen zhi

肾经　　yu

心包经 chi li yi

脾经　　ci si su wu xi xiu

肺经　　a ao ba bao bo ga gao ka kao m ma mao mo o qi qia qiao

肝经　　ji ri

第九节　　五音之别名

在中国历史上，五音宫商角徵羽的出现并不是单一的。除了宫商角徵羽之外还有：

1、《尔雅·释乐》中的五音别名

《尔雅·释乐》云："宫谓之重。商谓之敏。角谓之经。徵谓之迭。羽谓之柳。"如果用汉语拼音对应的经络来分析的话：

重-cong　　脾经肺经心经　　重在《说文》释为冬声（dong）

敏-min　　肺经心包经心经

经-jing　　肝经心经肺经

迭-die　　心经*心包经

柳-lü　　肾经心包经，柳读吕可能是方言或古字音

2、随县曾侯乙墓钟磬名词中的五音别名

在随县曾侯乙墓钟磬名词中有许多五音的别名出现。其内容如下：

宫的别名有：巽（镈）
商未见别名
角的别名有：中镈、歸、鈲、詹
徵的别名有：鄭镈、终
羽的别名有：壹、（喜）、鼓

五音的众多别名可能有如下原因：
1、高或低 N 个八度的同名音
2、字音与五音一样或类似可以诱发相同的经络感传
3、笔误或异体字。例如羽被写成翠。

第十节　　音调与经络

研究发现语音的音调也与经络有着密切的关系。其具体内容如下：

阴平声-右侧阴经或里经
阳平声-左侧阴经或里经
上声-右侧阳经或表经
去声-左侧阳经或表经

第五章 五音的应用

第一节　娱乐

五音用在娱乐方面是最常见的。无论是在民间还是在宫廷都很普遍。其表现形式主要有歌唱和器乐表演。

图 20 仲秋，周琦在德累斯顿中国亭鼓琴

第二节　文学

五音用在文学上也很常见。据说最早的《诗经》都是以歌曲的形式体现的。另外音韵的内容也与五音相关。

第三节　教育

早年的私塾馆在教学的时候都是唱给学生听的。这样的教学方式易学易记。

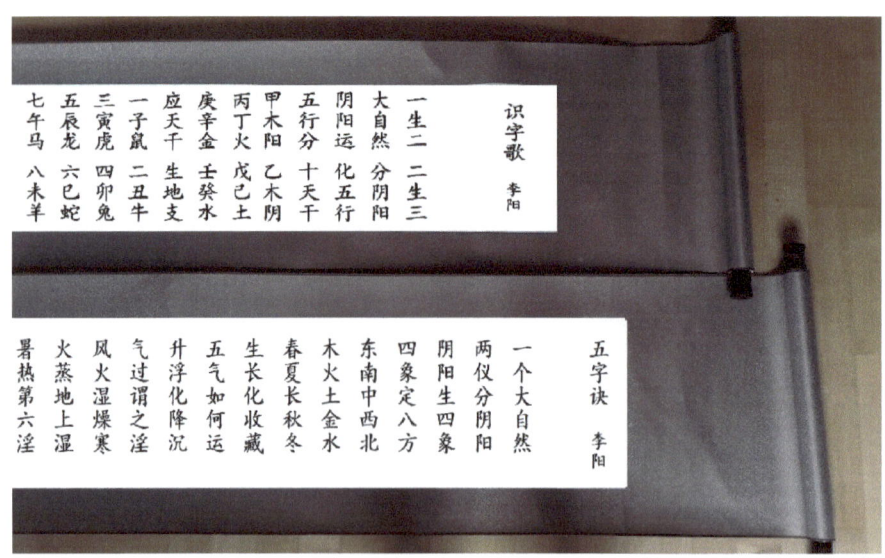

图 21 新编蒙学教材《识字歌》、《五字诀》

第四节　养殖

成语对牛弹琴其实并不是笑话。在农业生产上音乐对植物和家畜的生长都有着明显的作用。目前已知动物也都是有经络的，因此五音对动物也有作用。与兽医针灸类似也可以有针对动物的音乐疗法。

图 22 对牛弹琴可以促进奶牛多产牛奶

第五节　　战争

在古代和近代战争中音乐的应用是很常见的。**击鼓奋进，鸣金收兵**都是有着基本的生理作用基础。古有梁红玉击鼓，现代在体育运动会上击鼓，都有促进运动的作用，可用。而鸣金（打锣和镲）会抑制运动，故不宜使用。

图 23 云南铜鼓

图 24 铜锣，约公元 1875 – 89 年

号角也是古代发布军令的乐器。军号（小号）则是近代战争中的产物。

图 25 螺号，19 世纪

图 26 军号在近现代的军队中广泛的使用着。

图为美国独立战争期间的牛角号

第六节　宗教

在世界各种宗教中，无不借用语音和音乐来修炼体魄和号召信徒。例如佛教的佛号、木鱼；道教的道号、道教音乐；基督教没有翻译的句子（哈利路亚、以马内利等）。民间的巫师也借用语言和乐器来做法。五音就是潜移默化的在其中发挥作用。

图 27 木鱼

图 28 铜钹

图 29 道教音乐用于修行，图为大理祥云普淜镇天峰山老君殿道长奏乐，玄溪摄

图 30 道教十面云锣

第七节　哲学

在古代哲学中，五音起到了很大的作用。最常见的是五行归类。

五行	木	火	土	金	水
五脏	肝	心	脾	肺	肾
五志	怒	喜	思	悲	恐
五音	角	徵	宫	商	羽

第八节　养生

古人重视养生。孔子在《礼记》中说："君无故玉不去身，大夫无故不撤县，士无故不撤琴瑟"。这是古人在养生用具的基础上划分的礼教等级。即帝王使用玉石、大夫使用编钟，士族使用琴瑟，民间使用语音（常见的是六字诀）。

一、玉石

玉石是隐含的五音。因为玉石的光电效应和皮肤半导体结构会形成一定频率的脉冲波。其脉冲波的主要频率就是五音。

图 31 黄色翡翠通胃经

白色翡翠通肺经，豆绿翡翠通大肠经。深黄色翡翠通脾经，正黄色翡翠通胃经。

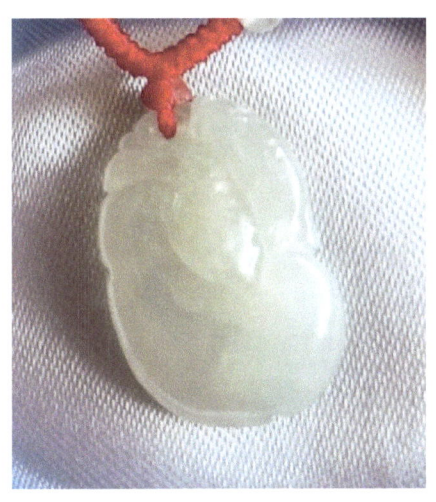

图 32 白色翡翠通肺经

红色翡翠通心经，深油青翡翠通小肠经。紫色翡翠通心包经，绿紫色翡翠通三焦经。

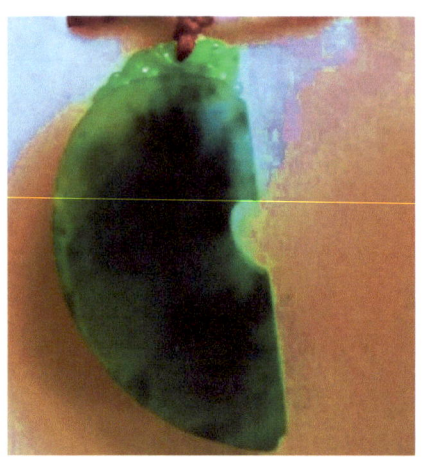

图 33 绿色玉石通胆经

墨翠通肾经前线，黑灰相兼翡翠通膀胱经内线。黑色翡翠通肾经后线，灰色翡翠通膀胱经小指外线。

图 34 紫色翡翠通心包经

无色透明翡翠通肝经，阳绿翡翠通胆经前线。苹果绿翡翠通胆经后线，墨绿翡翠通胆经后线。蓝色翡翠通任脉，浅油青翡翠通督脉。蓝水翡翠通胆经后线，草绿翡翠通胆经后线。

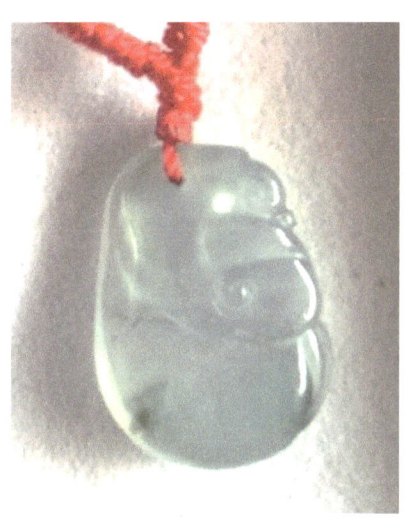

图35 无色透明翡翠通肝经

图36 黑色翡翠通肾经，图为汉代墨玉斧

关于翡翠颜色与经络的详细介绍，可参考作者所著、辽宁科技出版社出版《解密中医绝招》。

二、琴瑟

宋代广窑陶琴"修身理性琴",琴名直指古琴的养生作用。据范阳郭葆昌《故宫辨琴记》,"其龍池之中有銘,曰:「維沙陶瓦 制從鴻濛 鳶飛魚躍 為歌南風」,前述其制,後言其用也;鳳沼之內,則題秦篆「修身理性」四字。"

图37 小瑟二十五弦也可以养生,图为清代瑟

图38 敲击编钟养生是古代大夫级别的礼制

三、老百姓的养生方法

在古代普通的老百姓不够级别也只能用语音来养生了。好在所需要的设备口、舌、声带什么的都自己配备着呢。后面还会详细介绍六字诀语音养生的方法。

第九节　医疗

五音用于医疗有两个范围：其一是语音疗法，其二是音乐疗法。语音疗法包括：六字诀、相数疗法、诗疗、歌曲疗法等。乐音疗法包括单音疗法和乐曲疗法。单音疗法可以用钟或编钟、编磬、鼓、古琴、瑟等乐器。乐曲疗法包括共振疗法和旋律疗法。其中古琴音乐疗法是最具医疗价值的方法。

一、诗疗

诗疗在中国有着悠久的历史。西汉的枚乘曾经用《七发》诗治疗疾病，唐代的杜甫、北宋的苏轼、南宋的陆游等也曾以诗疗疾。诗的原始意义是将有思想内容的语言用乐音与之配合，并随着乐曲唱出来。这里有两个基本要求：其一是诗词要适于乐曲的创作特点，简单的说就是要压韵。这样的诗唱出来顺口，曲弹出来流畅；其二是组成曲的乐音要与诗的字音适应，曲的节奏要与诗的节奏一致。目前人们认为诗疗的原理是医学、文学和心理学的综合作用。其中的医学作用主要是指语音的医疗作用。根据古人的经验，用诗疗疾时一定要大声反复的吟咏才会有效果（共振疗法）。另一方面又要用心感受诗的思想内涵和文学艺术之美妙等（心理疗法）。下面是几首古诗的共振经络统计结果和治疗疾病的参考意见：

（1）登鹳雀楼
白日依山尽，黄河入海流。欲穷千里目，更上一层楼。
主要共振经络：
肺经（左四、右十）共 14 次；
心包经（右）共 11 次；
心经（左二、右九）共 11 次。
次要共振经络：
肝经 2（右二）；胆经 1（左一）；三焦 3（左二、右一）；脾 3（左一、右二）；胃 2（左）；大肠 2（左右各一）；膀胱 1（左）；小肠 1（左）。
主治疾病：心肺气虚（肺心病）

（2）春晓
春眠不觉晓，处处闻啼鸟。夜来风雨声，花落知多少。
主要共振经络：
肺经（左二、右八）共 10 次
心包经（右）共 9 次
心经（左一、右八）共 9 次
脾经（右）共 6 次
次要共振经络：
大肠经 3（左）；肝经 1（右）；胃经 1（左）；小肠经 1（左）；肾经 1（右）；膀胱经 1（右）。
主治疾病：心脾肺气虚

从以上现有的古诗来看有两个主要特点：其一是由于重音只在音节中有一个的关系，故大多数字音的共振以右侧的阴经为主；其二由于在字音表中能使心经、心包经、肺经和脾经共振的字音出现率较高，故治疗有所偏重。为了有目的的治疗某一疾病，常需要利用字的经络感传表，特别是能使单经共振的字音来创作新的治疗诗。

二、六字诀疗法

气功六字诀是最常用的语音疗法。下面分析一下六字诀（嘘、呵、呼、呬、吹、嘻）的语音结构及可以引起共振的经脉。

六字名	拼音	平声共振经脉	仄声共振经络	传统观点	修改意见
嘘	xu	脾经肾经	胃经膀胱经	肝	ri 日
呵	he	心经	小肠经	心	he 呵
呼	hu	心经脾经	小肠经胃经	脾	wu 乌
呬	si	脾经	胃经	肺	bao 包
吹	chui	脾经*心包经	胃经*三焦经	肾	yu 郁
嘻	xi	脾经心包经	胃经三焦经	三焦	yi 一

其中，完全正确的只有呵字，部分正确的有呼字

和嘻字，其余三个都是错误的。如此大的错误是否需要修改呢？为了突出共振的效果，选择只有一个脏腑经络共振的字是非常重要的。因此，我们在所有的字音与经络共振表中查找只能使一条经络共振的字音，最好这个字具有四个声调的实例。其结果如下：

新六字名	汉语拼音	平声共振经脉	仄声共振经脉	传统观点
日	ri	肝经	胆经	肝
呵	he	心经	小肠经	心
乌	wu	脾经	胃经	脾
包	bao	肺经	大肠经	肺
郁	yu	肾经	膀胱经	肾
一	yi	心包经	三焦经	三焦

　　有兴趣的朋友可以试一下，首先入静一会，然后试读其中一字。读字时要细长均匀、反复多次。如果您是气功师或经络敏感人也许效果会更好一些。不过需要注意的是您如果要给自己或别人治疗疾病，最好先用仪器或用传统的方法给辨一下证，看一看是哪一条经络有问题。如果是虚症可以选择对证的字来练习（共振是补法）；如果是阴经实症可以用相应属表经络的字来练习；如果是阳经实症，可以用比该经字音仄声高一个八度的音高，唱出来；如果是治疗单侧疾病可以选择不同的声调，如阴平声或阳平声；如果是双侧，则阴平阳平声都要练习，否则会发生一侧枯一侧荣的现象。如果是正常人练习，那就可以从头到尾来一套了！

三、相数疗法

有人利用数字的发音来治疗疾病。下面让我们来分析一下 0 至 9 数字的经络感传情况：

0 ling 　心包经（左右各一次）；
　　　　　心经（右一次）；肺经（右一次）。
1 yi 　　心包经（右一次）
2 er 　　小肠经（左一次）；肝经（右一次）
3 san 　 脾经（右一次）；
　　　　　肺经（右一次）；心经（右一次）。
4 si 　　胃经（左一次）。
5 wu 　　胃经（右一次）。
6 liu 　 心包经（右两次）；胃经（左一次）
7 qi 　　肺经（右一次）；心包经（右一次）。
8 ba 　　肺经（右两次）。
9 jiu 　 肝经（右一次）；心包经（右一次）；
　　　　　胃经（右一次）。

四、乐音疗法

乐音疗法是用乐器的乐音来治疗疾病的方法。乐音疗法使用单音或双音和弦，不用乐音来组成乐曲。原则上讲，乐音疗法可以使用能发出有一个主要频率乐音的乐器即可。如西乐的的钢琴、电子琴、风琴、吉他、大提琴等，民乐的古筝、古琴、编钟、编磬等。但是，在实际应用上还有一些具体的要求以适应临床的需要。具体内容如下：

1. 要有包括大小字组两个以上八度的乐音。

2. 乐音的频率要可以调整，以便能适应不同经络虚实程度的需要。

3. 乐音的泛音要与经络的泛音相适应。

4. 乐音的音量要达到能使病人经络共振的最低标准以上。

下面介绍一些曾经或正在使用的乐音治疗方法：

1. 编钟乐音疗法

用编钟治疗疾病和养生古已有之。如《韩诗外转》载"古者天子……入则撞蕤宾以治容貌，容貌得则颜色齐，颜色齐则皮肤安"。用钟治疗疾病要有二十四组乐音钟（大小字组），每组各有比标准音频率渐低一些的几个钟以适应不同程度的虚症。每组钟需要有一个钟房。现代可以使用电子仪器模拟钟声。

2. 编磬乐音疗法

编磬疗法又称砭石疗法。砭石治疗十六法中的闻法是听别人敲击编磬来治疗疾病的方法；挝法是病人自己敲击编磬的方法。孔子曾经使用编磬疗法治病养生。1978 年在华东出土了十三枚泗滨浮磬，经专家理化检测发现该磬有一奇异的能量场，作用在人体可产生红外热像并循经而行。2000 年夏济南洛庄出土了六套 107 件泗滨浮磬。磬疗与钟疗的临床要求一样要有二十四组编磬，每组包括比标准频率渐低的几个磬，每组磬要有一个磬房。亦可使用电子磬。

3. 瑟乐音疗法

用瑟的乐音治疗人体脏腑经络的疾病就是瑟疗法。传说瑟是庖牺所制。大瑟五十弦，小瑟二十五弦。根据《明堂位》所说："大琴大瑟，中琴小瑟。"可以知道大小瑟的定音都包括大小字组的乐音。现代的古筝标准是 21 弦，定音为 D、E#、F、A、Bd、e#、f、a、b……如果不改变一下是不可以用于乐音疗法的。

4. 古琴乐音疗法

古琴的种类较多：曾侯乙的十弦琴与瑟用法相似；五弦琴、七弦琴、九弦琴和十二弦琴的乐音都可以使用。

五、情志音乐疗法

音乐的心理作用很玄妙：有的乐曲使人悲伤；有的乐曲使人欢乐；有的乐曲使人振奋；有的乐曲使人宁静；有的乐曲使人很快入眠；有的乐曲使人恐惧；有的乐曲可以使人思虑万千；也有的乐曲使人愤怒。如果配有适当的环境因素（语言、颜色、情节等），这会加重这种心理效果。根据《内经》的情志治疗理论"悲胜怒，恐胜喜，怒胜思，喜胜忧，思胜恐"，可以选择一些对证的乐曲来调整人的情志以防治一些疾病。

六、古琴音乐疗法

甲、创作古琴治疗曲

对于复杂的疾病，有比较多的经脉需要治疗。找到相应的治疗乐音并把这些乐音组成乐曲，便成为古琴音乐治疗曲。目前尚不能将心理和共振两大理论结合起来创作古琴治疗曲。但是，尽量达到以下要求还是可以做到的：

1. 尽量使乐曲协和流畅，以产生良好情绪。
2. 尽量使用自然音阶，大调式和简单的组体，以引起欢快向上的感情。
3. 不使用半音音阶，小调式，和复杂的组体，以避免产生忧郁的心情。
4. 尽量使用大音程，避免使用小音程，以使人欢快。
5. 不要使用刺耳的和声配以急促的旋律，以避免愤怒的情绪。
6. 不要把几个高度独立的旋律作对位化的结合，以避免产生固执的心态。

创作古琴治疗曲有以下几个步骤：

1. 根据经络辩证选取治疗乐音
经络辩证要求达到以下标准：
a. 选出患病的经络。
b. 区分上下左右或全经患病。
c. 确定患病经络虚实。
d. 分析经络虚实的程度（轻，中，重和极重）
e. 根据经络的关系，选择一些辅助的治疗经络以配合治疗。

根据患病经络部位和虚实情况选择治疗乐音。根据选出的辅助治疗经络，选出配合乐音。

2. 将选出的乐音分成四组
a. 主要乐音----用于治疗程度较重的经络。
b. 次要乐音----用于治疗程度轻,中度的经络。
c. 辅助乐音----用于配合治疗。
d. 非治疗乐音----用于乐曲的调配。

3. 创作乐曲的主题并发展成乐曲

以主要乐音为主创作乐曲的主题,并发展成乐曲。其中主要乐音时值要长,重复次数要多。其它乐音则依次减少时值和重复次数。作曲时尽量使用有良好心理反应的因素,避免使用不良因素。古琴治疗曲并非为了欣赏,故一般较短。因此,要反复演奏以达到一定的治疗量。作曲时要考虑头尾的衔接问题。最好达到天衣无缝。

4. 厘定古琴指法

琴曲做好以后尚需厘定古琴指法,通过调整可使演奏方便(顺手),乐曲流畅。在不影响治疗的情况下可以充分发挥古琴指法的多样性。如:吟,猱,绰,注,不但可以使乐曲动听,亦可使治疗频率在一个范围内波动以适应不同的个体差异和病理差异。

5. 修改乐曲

乐曲做好以后,在试用阶段还会发现许多问题。如:疗效,心理反应,演奏难易等。几经修改,务求更佳。

6. 录音

录音的要求较高，最好在录音棚里录音。麦克风要能录低频声音，麦克风要接近出音孔，环境要安静。用电脑录音可以录几小段，选择好的一段循环播放即可。

7. 编写说明书

古琴音乐治疗曲对于对证的要求较高。因此，编写使用说明书成为必需的工作。具体要求如下：
a. 标出使用的治疗乐音。
b. 注明治疗那些经络及部位的虚实。
c. 给出主要治疗疾病的名称。
d. 提供可供参考的治疗部位。
e. 写出可供参考的治疗计划包括每次治疗时间，每日治疗次数和疗程。
f. 标明可能出现的副作用及防护方法。
g. 提出治疗时的环境温度范围。

乙、古琴治疗曲的应用

1. 对证治疗

中医治病的特点是辩证施治，因此根据病人的证来创作或选择古琴音乐治疗曲是其基本原则。

2. 单独治疗和集体治疗

对于医疗条件好的医院和个别病人需要进行单独治疗。对于条件差的医院并且病人多病证相同的情况下，亦可进行集体治疗。

3. 可用于疾病以外的需要

古琴音乐治疗曲不仅可以用于治疗疾病亦可用于美容、健身和提高性能力等。

4. 发音方式的选择

用古琴直接演奏的方式治疗效果最佳，但琴师很辛苦，不易推广。用录音方式效果稍差，但易于使用且音量可调。

5. 治疗部位

古琴音乐疗法虽然有心理作用，但仍以共振作用为主。因此暴露治疗部位是提高疗效的重要条件。扬声器要对着治疗部位。

6. 治疗时间

古琴音乐治疗曲可以改善相关经络的气血流通，起到治疗作用。但治疗时间过长也会影响非治疗部位的气血流通。如过久使用下肢关节炎治疗曲会使上肢无力和头晕。此时切不可驾驶和高空作业。

7. 环境要求

治疗室内不可有其他杂音。温度应在 20~25 度为好。

8. 对乐曲不感兴趣的人可以将耳朵孔堵上。

9. 药物对治疗有影响

能扩张微循环的药物会使乐音对经络的作用下降。

丙、古琴治疗曲介绍

1. 下肢关节炎治疗曲

本曲是作者创作的第一首治疗曲。其治疗经络包括足六经和任督二脉，其现代的治疗机理是改善下肢微循环。其治疗范围广泛不仅仅用于下肢关节炎，亦用于糖尿病足，腰痛和下肢浮肿等。另外本曲也用于提高下肢运动能力和提高性能力等。

病例一：某男 90 岁，患有下肢紫癜多年，当时不但下肢呈现紫色而且大部分皮肤已成黑色或黑紫色，伴有两度半的水肿，尺脉细涩。该病人既不能针灸也不能按摩，且中西药物已经服遍，无药可医。使用下肢关节炎治疗曲，其皮色由黑转红、转黄；其水肿每次减半，五次治愈。

病例二：某女 40 岁，有糖尿病史多年。三个月前因足部针灸后入水感染，引发糖尿病足。虽经中西医治疗亦不见好转，她的脚上有两个连通的窦道口，每天排脓约 50cc。听下肢关节炎治疗曲后，一次脓减半，二次脓尽，三次封口。

2. 通便曲

该曲通过改善腹部经络的气血使胃肠蠕动增强，有氧代谢增加。不但可使大便通畅，亦可用于腹部减肥等。

病例三：某女 38 岁，患习惯性便秘多年。每周大便一次，每次大便苦不堪言。听通便曲后每天大便一次，连续使用月余，始停听音乐并恢复正常。

病例四：某女 77 岁，便秘 14 天。听通便曲后十分钟便要急于排便，虽当天没有排出大便，但于次日早晨顺利排出沉积粪便。

3. 股骨头坏死治疗曲

该曲通过改善肾经，胃经和胆经等经脉的气血使股骨头恢复血液供应，故主治股骨头坏死。因为治疗的重点在补肾阳，故亦可治疗肾阳虚所引起的一系列疾病。如前列腺肥大等。

病例五：某男 65 岁，患有股骨头坏死和前列腺肥大，给听股骨头坏死治疗曲。两个月后自觉腹股沟处已无疼痛，排尿也顺畅了。

七、歌曲疗法

将有治疗效果的语音和有治疗效果的乐曲结合起来就是歌曲疗法。只不过到目前为止还没有发现这类歌曲。

郭原　顾泽长

后记

中国的五音曾经是神秘的。神秘的五音理论一旦被解密就会进入很多的应用领域。我希望五音被用在对人类有益的方面而不是被用来伤害人类。我不希望再有乐曲黑色星期五之类的作品出现。祝愿人类借助五音得到更大的健康和幸福！

参考文献

《五声阶名来自三代天文》周武彦 《音乐艺术》1990年第4期

《看得见的音乐-乐器》修海林、王子初著 上海文艺出版社 ISBN 7-5321-2062-7

《中国音乐词典》人民音乐出版社 ISBN：8026.4326

《解密中医绝招》郭原著 辽宁科技出版社 ISBN 978-75381-8338-2

《灵枢经》人民卫生出版社 ISBN 7-117-02125-X/R.2126

《黄帝内经素问》人民卫生出版社 ISBN 7-117-02126-8/R.2127

《中国古代音乐史料集》修海林编著 兴界图书出版公司 ISBN 7-5062-1817-8

图注

1. 封面，图 3，5，6，8，9，11，12 由编者绘制，未能详尽，仅供参考。

2. 封底丹青为著名经络科学家繆强教授特为本书题赠。

3. 图 10，13，14，20，21，22，29，31-35 由本出版社组织拍摄。

4. 图 18，19 为作者绘制。

5. 图 23，24，25，26，27，28，30，36，37，38 摘自美国大都会艺术博物馆网络共享平台 MET's Open Access，网址 https://www.metmuseum.org

作者简介

顾泽长，男，1941 年生人，古琴艺术家。父顾梅羹为中国著名古琴艺术大师，自幼随父学习古琴。于 1962 年考入沈阳音乐学院民乐系古琴专业，继续跟随父亲顾梅羹学习古琴，1967 年毕业留校从事理论研究及教学工作。现任中国民族管弦乐学会理事，中国古琴专业委员会常务理事，中国古琴学会常务理事、中国昆剧古琴研究会顾问、全国民乐演奏艺术水平考级古琴专家委员会委员，辽宁古琴研究会会长等职。

郭原，男，1956 年生人，中医针灸师。1977 年考入辽宁中医学院，1986 年考入安徽中医学院中西医结合生理研究生班，1990 年跟随顾泽长学习古琴斫造。1993 年开始研究古琴音乐疗法和五音理论。1999 年移民加拿大，2000 年以后开始创作古琴音乐治疗曲。著有《解密中医绝招》和《解密中医穴位》。目前在加拿大爱民顿市开办五音堂中医诊所，从事中医针灸和古琴音乐治疗。

致谢

  为广惠民众，川派古琴顾氏一脉特准刊印，传人永祥先生多予奔走。

  著名华人科学家、经络生物波理论创始人繆强教授闻此要论发表，欣赐丹青。

  又有原辽宁科技出版社编辑、现正安中医王实先生撮合在前。

  诚致谢意。

书讯

繆强教授

《经络·从生物波到细胞》

太阳的风暴

地球的磁场

第一次心跳

第一声啼哭

振动，使生命现象成为可能

经络，是生物波传导的通道

这一切，

在细胞层面如何作用？

经络科学家繆强最新分享，

揭示中医机理和抗癌思路

ISBN：978-3-946935-04-9

订书请询

德国华育出版社

www.dao-de.org

编读交流

请加微信 VCL-Li

进入华育书友会

www.ingramcontent.com/pod-product-compliance
Lightning Source LLC
Chambersburg PA
CBHW042305150426
43197CB00001B/20